Anke von Platen

STRANDKORB-PRINZIP®
Einfach. Erfolgreich. Leben.

Optimieren Sie Ihre persönliche Lebens- und Arbeitsweise.
Das Praxishandbuch für Berufstätige.

Moin moin und herzlich willkommen!

Schön, dass Sie sich Zeit nehmen und danke, dass Sie dieses Buch gekauft haben.

„Strandkörbe für alle – auch außerhalb der Vorträge und Coachings" ist die Idee, durch die das Buch entstand.

Mit dem Buch hat jeder die Möglichkeit, die einfachen Maßnahmen für sich anzuwenden und mehr Wohlbefinden zu erreichen. Das STRANDKORB-PRINZIP® bündelt auch die eigene Lebens- und Berufserfahrung und wäre ohne eine persönliche Gewitterzone in Form eines Burnouts in 2004 nie entstanden. Auf dem Papier war ich damals erfolgreich, ohne einfach zu leben. So begann die Suche nach Maßnahmen und einer Methodik der gesunden Selbstführung, mit der ich wieder auf die Beine kam. Diese halten Sie nun in den Händen.

Umso mehr freue ich mich, dass ich dieses Wissen und meine Erfahrungen an Sie weitergeben kann. Einfach erfolgreich leben ist mit wenig Aufwand möglich.

Seien Sie es sich wert. Nehmen Sie sich Zeit für kleine Maßnahmen mit großer Wirkung für ein ausgleichendes und kraftvolles Leben.

Das STRANDKORB-PRINZIP® auf einen Blick

Philosophie, Aufbau und theoretischer Hintergrund   Seite 9

Einfach. Erfolgreich. Leben. Durch mehr Klarheit

S wie STOP – die Standortbestimmung   Seite 19

T wie TUN – die Zielfindung   Seite 32

Einfach. Erfolgreich. Leben. Durch mehr Energie

R wie REGENERATION – Auftanken   Seite 49

A wie ACHTSAMKEIT – Entschleunigen   Seite 49

N wie NAHRUNG – Energie braucht Nahrung   Seite 63

D wie DENKEN – mentale Typen   Seite 83

Einfach. Erfolgreich. Leben. Durch mehr Stabilität

K wie KOMMUNIKATION – nach innen und außen   Seite 96

O wie ORGANISATION – Produktivität steigern   Seite 104

R wie ROLLEN – Klarheit schaffen   Seite 104

B wie BALANCING – Im Alltag stabil sein   Seite 118

Warum brauchen wir einen Strandkorb? Aufbau und Ziele des Buches

„Ich habe kein Gesundheitsproblem … Aber trotzdem fühle ich mich nicht 100% wohl, ich habe das Gefühl, das nicht alle meine PS auf der Straße sind… ich möchte mehr für mich tun, mal wieder durchatmen können, so richtig … und mal wieder Energie für mich und meine Familie haben, das wäre was!"

Sie fühlen sich eigentlich gut, aber sie fühlen, dass es Ihnen noch besser gehen könnte. Oder Sie spüren, dass Sie dringend etwas verändern müssten und suchen nach ersten Impulsen. Häufig geht es nicht um das Abstellen von Stress. Ganz im Gegenteil: die meisten mögen den „Stress", finden ihn gut und brauchen ihn. Sie möchten Ihr Leben nicht grundlegend ändern. Dennoch wird das Leben als hektisch und schnelllebig wahrgenommen. Damit geht viel Lebensqualität verloren.

Der Strandkorb als symbolisches Bild für die eigene Energie wird täglich herausgefordert. Eine Abgrenzung, ein persönlicher Schutzraum im herausfordernden Alltag ist notwendig, um regelmäßig aufzutanken.
Dieses Buch …

- möchte Ihnen Impulse zur gesunden Selbstführung geben.
- ist für alle interessant, die sich besser verstehen und mehr für sich tun möchten.
- hilft Ihnen, Klarheit über Ihre Situation und Ihren Körper- und Mentaltyp zu erreichen.
- zeigt einfache, alltagstaugliche Möglichkeiten für verschiedene Körper- und Mentaltypen auf, mit denen Sie mehr Energie und Stabilität erreichen.
- ist als praktisches Arbeitsbuch und persönliches Nachschlagewerk gedacht.
- verbindet klassische Elemente des gesunden Selbstmanagements mit Aspekten der Lebenskunst sowie des systemischen Gesundheitscoachings.
- beschreibt ein Prinzip und erhebt nicht den Anspruch DAS Prinzip zu sein.
- kann kein Ersatz für ein persönliches Beratungs- und Coachinggespräch sein.[1] Zum Aufbau und zur Nutzung des Buches:
- Nach einer kurzen Einführung zum Aufbau, zur Philosophie und zum theoretischen Hintergrund des Strandkorbs folgt bereits der Praxisteil.
- Hinter jedem Buchstaben des Wortes STRANDKORB steckt ein Kapitel des gesunden Selbstmanagements.

- [1] Noch viel weniger hat es den Anspruch, eine ärztliche Diagnose oder sonstige Heilbehandlung zu ersetzen.

- Sie können dieses Buch chronologisch von vorne bis hinten lesen und durcharbeiten.
- Oder Sie lesen gezielt die Kapitel, die Sie ansprechen. Jedes Kapitel ist auch unabhängig voneinander aussagekräftig. Dennoch bauen sie aufeinander auf.
- Das Buch ist ein Praxishandbuch. Am besten Sie legen sich etwas zu schreiben bereit.
- Im Buch finden Sie zahlreiche Kopiervorlagen. Kopieren Sie diese am Besten vor dem ersten Bearbeiten, dann können Sie die jeweiligen Übungen öfter durchführen.
- Lassen Sie sich Zeit beim Bearbeiten der einzelnen Übungen und beim Durchlesen. Nehmen das Buch lieber immer mal wieder und regelmäßig zur Hand, als wenn Sie es in einem Rutsch durchlesen und durcharbeiten.

Durch das Buch begleitet Sie Fred, das Piktogramm-Männchen. Fred unterstützt Sie beim Aufbau Ihres Strandkorbes im Alltag.[2]

Suchen Sie nach **Praxistipps**?
Dann halten Sie nach Fred mit der Glühbirne Ausschau.

In diesen Passagen geht es um die **Selbstreflexion**.

Typgerechte, ausgleichende Empfehlungen finden Sie bei Fred als Gärtner. Denn unsere eigene Konstitution muss wie eine Pflanze gepflegt werden.

---

[2] Ich hoffe, dass Fred sowohl von den männlichen als auch weiblichen Lesern akzeptiert wird. Als ich die Piktogramme gesehen habe, fand ich Sie einfach anders und klasse und wollte sie unbedingt einsetzen.

Inhalt

1. STRANDKORB-PRINZIP® - Philosophie, Aufbau und theoretischer Hintergrund 10
2. **S wie STOP – die Standortbestimmung** 19
   - 2.1 Wie ist Ihre Wetterlage? 19
   - 2.2 Verstehen Sie Ihren Körper-, Mental- und Stresstyp 23
3. **T wie TUN – die Zielfindung** 32
   - 3.1 Soforthilfe bei Unwetter – für alle Typen geeignet 32
   - 3.2 Grundsätzliche typgerechte Maßnahmen 33
   - 3.3 Entscheidungstypen verstehen & typgerechte Empfehlungen 36
   - 3.4 Langfristige Ziele und Zielerreichung 38
   - 3.5 Ziel gefunden – Praktische Tipps für die ersten Schritte 45
4. **R wie REGENERATION – Auftanken und**
   A wie ACHTSAMKEIT – Entschleunigen 48
   - 4.1 Praktische Tipps zum Abschalten und Auftanken 49
   - 4.2 Atmung: Achtsamkeit und Regeneration im Doppelpack 54
   - 4.3 Guter Schlaf als Regenerationsquelle und Produktivitätsfaktor 55
   - 4.3 Regenerationstypen verstehen & typgerechte Empfehlungen 57
5. **N wie NAHRUNG – Energie braucht Nahrung** 62
   - 5.1 Die Bedeutung der Nahrung für den Strandkorb 63
   - 5.2 Optimalen Energiegewinnung durch Nahrung im Tagesverlauf 65
   - 5.3 Kraftstoff und Katalysator Nr. 1: Wasser 67
   - 5.4 Kaffee?! 70
   - 5.5 Stoffwechseltypen verstehen & typgerechte Empfehlungen 71
   - 5.6 Ausgleichende Ernährung bei Stress für alle Typen 76
   - 5.7 Leichter und schwerer verdauliches Essen 78

6. **D wie DENKEN – mentale Typen** 82
   6.1 Gedanken an die Leine nehmen 82
   6.2 Soforthilfe für turbulente Phasen und Grübelstop-Technik 85
   6.3 Mentaltyp verstehen & typgerechte Empfehlungen 87
   6.4 Erleichtern Sie Ihren Kopf mit Tagesprotokollen 90

7. **K wie KOMMUNIKATION – nach Innen und Außen** 94
   7.1 Der Schweinehund – unser Feind und Freund 94
   7.2 Allgemeine Kommunikationsempfehlungen 96
   7.3 Kommunikationstypen verstehen & typgerechte Empfehlungen 97

8. **O wie ORGANISATION – Produktivität steigern und**
   R wie ROLLEN – Klarheit schaffen 101
   8.1 Das Leben ist eine Bühne. Welche Rollen nehmen Sie ein? 102
   8.2 Fünf Prinzipien für mehr Produktivität 106
   8.3 Organisationstypen verstehen & typgerechte Empfehlungen 112

9. **B wie BALANCING – im Alltag stabil sein** 115
   9.1 Das Konzept von Balancing Life statt Work-Life-Balance 115
   9.2 Ihr persönliches STRANDKORB-PRINZIP® 117
   9.3 Ihre persönliche Balancing Scorecard für Ihren Erfolg 118

10 **Ausblick aus dem Strandkorb** 124
   10.1 Moin moin und auf Wiedersehen! 124
   10.1 Quellen und Literaturempfehlungen 126

1. STRANDKORB-PRINZIP®
- Philosophie, Aufbau und theoretischer Hintergrund

Mit einem Strandkorb verbinden viele etwas anderes. Urlaub, Strand, Sonne, Meeresrauschen, Schutz, Erholung, Pause, dösen, Schiffe beobachten. Allen Bildern ist gemeinsam: eine Sehnsucht und eine positive Assoziation, ein positives Gefühl und ein Ausblick nach Vorne. Einen Strandkorb mietet man sich, damit es einem am Strand gut geht. Ich möchte Sie mit dem Buch unterstützen, dass es Ihnen auch am „Alltagsstrand" gut geht.

Hinter jedem Buchstaben des Wortes Strandkorb verbergen sich verschiedene Elemente des gesunden Selbstmanagements und der Lebenskunst:

S STOP	1. Klarheit	4. Wertschätzung
T TUN		
R REGENERATION	2. Energie	
A ACHTSAMKEIT		
N NAHRUNG		
D DENKEN		
K KOMMUNIKATION	3. Stabilität	
O ORGANISATION		
R ROLLEN		
B BALANCING		

Das STRANDKORB-PRINZIP® in der Übersicht

Und wo ist das Prinzip dabei? Warum heißt es nicht STRANDKORB-METHODE? Es gibt nicht DIE Methode, mit der persönlicher Erfolg, Lebensqualität und Arbeitsproduktivität erreicht werden können. Genauso wenig wie es DIE gesunde Ernährung gibt. Jeder

Mensch ist einzigartig individuell, benötigt etwas anderes und versteht unter den verschiedenen Begriffen auch etwas anderes. Und so gibt es im Werkzeugkasten des STRANDKORB-PRINZIP® ganz unterschiedliche Methoden, die dann auf den Einzelnen angepasst werden.

Und das ist das Prinzip, aus dem die Methoden und die anderen Prinzipien im Strandkorb ihren Ursprung haben.

Das Prinzip ist, dass wir persönliches Wohlbefinden erreichen können, wenn wir[3]

1. **Klarheit** darüber bekommen, wie wir selbst gestrickt sind, wie unsere individuelle Konstitution ist; wo wir momentan stehen und wohin wir möchten;
2. darauf aufbauend erfahren und handeln, was uns gut tut, um so mehr **Energie** zu haben.
3. ausreichend Energie haben, können wir nach Außen **Stabilität** aufbauen.
4. uns selbst **wertschätzen**, mit unseren Strickmustern, unserer gesundheitlichen Konstitution.

So ist es für manche Menschen eine gute Methode, sich viel zu bewegen und viel Salat zu essen, wogegen es für andere Menschen besser ist, in die Ruhe zu gehen.

STRANDKORB-PRINZIP 1: Klarheit

Der erste große Baustein, das erste Prinzip ist, eine eigene Klarheit über sich selbst und die eigenen Ziele zu schaffen. Gerade wenn es uns einmal nicht so gut geht, scheint es alles vernebelt zu sein.

Wenn wir nicht wissen, wie wir gestrickt sind, warum etwas vernebelt ist, warum wir uns dumpf und schwer fühlen, werden wir auch nichts dagegen unternehmen können. Wenn wir zu sehr in die Dinge verstrickt sind, haben wir keine Klarheit und wenig Distanz zu den Dingen, die uns belasten.

„Erkenne Dich selbst" ist eine vielzitierte Aufforderung, die seit Jahrtausenden die Philosophen und Menschen beschäftigt. Die Aufforderung bedenkt ursprünglich, seine

---

[3] Hinweis für Fortgeschrittene und Kollegen: Diese Kerngedanken sind mit den drei Bestandteilen der Salutogenese verwandt. Aaron Antonovsky hat Antworten auf die Frage „wie bleiben Menschen auch unter schwierigen Umständen gesund?" gesucht und gefunden. Dieses Konzept ist der Gegenentwurf zur „Pathogenese" und der Frage „wie werden Menschen krank". Das Ergebnis: Menschen bleiben gesund und kraftvoll, wenn sie ihr Leben als verstehbar, machbar und bedeutungsvoll einschätzen.

eigene menschliche Begrenztheit zu erkennen und zu akzeptieren. Die Stoiker erweiterten dies um den Aspekt „im Einklang mit der Natur zu leben."

Bei Wilhelm Schmid, einem Philosophen unserer Zeit, findet sich folgende passende und hilfreiche Passage zum Themenkomplex Selbstkenntnis und Selbstaufmerksamkeit[4]:

> „Alle Selbstaufmerksamkeit und Selbstbesinnung, alle Aufrichtigkeit gegenüber sich selbst zielt auf das Kennenlernen dessen, was als gegebenes „Selbst" vorgefunden wird. Das Selbst prüft sich im Denken, im Fühlen und im Vollzug der Existenz, um auf der Basis seiner Erfahrung mit relativer Gewissheit von sich sagen zu können: „Ich kenne mich." Es achtet auf die Grenzen der möglichen Klärung und Aufklärung des Selbst und respektiert sie, statt immer weiter „in sich zu dringen", mit dem Risiko der Selbstverletzung und Selbstzerstörung. So ist die Selbstkenntnis die moderate und pragmatische Form der Selbsterkenntnis, ihr lebbares Maß, getreu der anderen Forderung des delphischen Tempels „nichts im Übermaß"."

Aus dieser Textpassage erscheint mir wichtig, dass es mehr um das Kennen als um das Erkennen geht. Das nimmt die Strenge und den Ehrgeiz aus dem Projekt „Klarheit". Ebenfalls wichtig sind die beiden Adjektive „moderat" und „pragmatisch" sowie das Prinzip „nichts im Übermaß". Das wiederum kreuzt Hippokrates mit dem Leitprinzip „Die Dosis macht das Gift".

Wie können Sie sich nun besser kennen lernen, wie soll das gehen? Eine Methode dazu ist die eigene Erfahrung. Mir ging es vor einiger Zeit so, dass ich ungeduldig war und nicht auf jahrelange Erfahrung warten wollte. Und so stieß ich auf die alte indische Heilkunst „Ayurveda", übersetzt dem „Wissen vom Leben." Ayurveda ist von der WHO als Gesundheitssystem anerkannt und gilt als die älteste Lebenswissenschaft mit ungebrochener Tradition. Seit mehreren Jahren studiere ich diese alte Wissenschaft und Philosophie. Die ganzheitlichen, zeitlosen Lebensgesetze begeistern mich Tag für Tag.

Einige von Ihnen erschrecke ich nun vielleicht und Sie denken: Hilfe, Ayurveda, viel Öl, damit will ich nichts zu tun haben. Mir ging es im ersten Moment ähnlich. Doch nach 30 Minuten Einführung in das Basiswissen bei einem Kochkurs für Gestresste war ich überzeugt. Auf einen Schlag hatte ich sehr viel Klarheit.

---

[4] Wilhelm Schmid: Mit sich selbst befreundet sein – Von der Lebenskunst im Umgang mit sich selbst, Frankfurt a.M. 2007, S. 97

Noch dazu habe ich mit dem Ayurveda ein Modell entdeckt, was die Verbindung von erscheinenden Gegensätzen wie Lebensqualität UND Arbeitsproduktivität ermöglicht. Das Erkennen der gesundheitlichen Konstitution ist die Hauptmethode des Ayurveda, die ich in meinen Coachings verwende. Mehr dazu im Kapitel STOP[5].

Was wird Ihnen diese Klarheit um die eigene Konstitution bringen?

- Sie können sich selbst besser verstehen. Sie können Ihre Strickmuster und auch „kleinen Macken" verstehen und lieben lernen.
- Sie können Klarheit darüber bekommen, was Sie für Ihre Lebensqualität und Arbeitsproduktivität, sprich für Ihr Wohlbefinden benötigen.
- Sie können darauf aufbauend mit verschiedenen Methoden und einer typgerechten Lebensweise gegensteuern, ausgleichen und dadurch mehr Energie und Lebensqualität bekommen.
- Und vielleicht erkennen Sie auch Strickmuster bei anderen Menschen. Das erleichtert das Verständnis für die Mitmenschen, aber auch für sich selbst. So gibt es sehr ordentlich strukturierte Menschen aber auch Chaoten. Oder es gibt diejenigen, die essen können ohne zuzunehmen und die anderen, die nur vom Anschauen einer Torte dick werden. Erste Hinweise möchte dieses Buch Ihnen dazu geben.

Im Kapitel T wie TUN wird das Thema „Ziele" behandelt: Ziele stellen Leuchttürme in unserem Leben dar. Wo wollen wir überhaupt hin? Und wie kommen wir dahin?

STRANDKORB-PRINZIP 2: Energie

Sind eigener Typus und Ziele besser verstanden, geht es darum, den eigenen Energiehaushalt zu optimieren.

Warum? „Ich renn durch mein Leben wie ne Lok auf zwei Beinen" singt Peter Fox. Dieser Song spiegelt meines Erachtens sehr gut den Gefühlszustand vieler Menschen wider. Das Leben rast nur so an uns vorbei, es wird funktioniert. Dieser Zustand zwischen „täglich grüßt das Murmeltier" und „die Lok auf zwei Beinen" kostet sehr viel Energie.

---

[5] Schon hier möchte ich darauf hinweisen, dass dieses Buch keine vollständige Konstitutionseinschätzung geben kann und möchte. Dies ist am besten in einem persönlichen Gespräch oder Telefonat möglich.

Der Lebensstil zwischen „täglich grüßt das Murmeltier" und „Lokomotive" kostet Energie.

Stress ist Energie. Stress kostet Energie.

Die Anforderungen der heutigen Arbeitswelt erzeugen Stress. „Ich bin gestresst" ist schnell gesagt. Aber was bedeutet das eigentlich?

> Das Wort „Stress" kommt ursprünglich aus der Physik und bedeutet im englischen (to stress) „Druck" oder „Anspannung". Im biologischen Kontext bedeutet Stress eine unspezifische Reaktion des Körpers auf eine Situationsveränderung. Mit dieser Reaktion wird Energie bereit gestellt, um sich einer neuen Situation anzupassen.

Der Stressmechanismus der Energiebereitstellung ist überlebenswichtig gewesen, um vor dem Säbelzahntiger zu flüchten oder den Kampf mit ihm aufzunehmen. Heute sind wirklich die wenigsten Situationen lebensbedrohlich. Trotzdem läuft der gleiche Mechanismus der Energiebereitstellung im Körper ab. Und anstatt von einem Tiger fühlen wir uns von der Menge an Aufgaben bedroht. Oder wir benötigen Energie für einen positiven Kampf. Dies kann zum Beispiel eine Wettbewerbspräsentation oder eine andere positive bewertete Herausforderung sein.

Im Idealfall wird diese Energie dann nicht nur bereit gestellt, was wir zum Beispiel an einem erhöhten Puls oder leichtem Schwitzen bemerken, sondern sie wird dann auch durch Bewegung abgebaut. Ist dies nicht der Fall, wird zu viel Energie aktiviert. Dies merken wir zum Beispiel daran, dass uns nicht nur warm wird, sondern wir ständig schwitzen. Oder dass wir konstant hibbelig sind, schnell unruhig werden, mit den Fingern trommeln, mit den Füßen wippen.

Die Stresstheorie möchte ich Ihnen kurz und knapp mit einem Gummiband darstellen. Wenn das Gummiband so daliegt, nützt es uns wenig. Wir können mit dem Gummiband nur arbeiten, wenn wir es anspannen. So ist es auch mit unserer eigenen Anspannung. Diese ist gut, wenn wir sie richtig dosieren.

Das Gummiband als Symbol für Anspannungs- und Entspannungsenergie

Was aber passiert, wenn wir das Gummiband andauernd anspannen? Richtig. Dann leiert es aus. Und wenn das Gummiband ausleiert, benötigen wir immer mehr Anspannung, um es überhaupt noch auf Spannung zu bekommen. Das kostet sehr viel Energie. Wenn wir das Gummiband überspannen, wird es angegriffen und es reist.

Burnout = erschöpfte Energiereserven

Burnout ist ein gerissenes oder sehr ausgeleiertes Gummiband. Wenn Sie zu lange angespannt und zu wenig entspannt haben.

> Burnout wird ursprünglich definiert als ein Syndrom aus „emotionaler Erschöpfung, Depersonalisation sowie reduzierter Leistungsfähigkeit"[6] oder als eine körperliche, geistige und seelische Erschöpfung.

Burnout ist ein sehr großer Energiemangel. Es ist weder Energie da, sich körperlich zu betätigen, noch sich an irgendetwas zu freuen oder sich zur Arbeit aufzuraffen. Noch dazu ist keine Energie da, irgendetwas zu kontrollieren. Kennzeichnend ist, dass die Akkus nicht mehr aufgeladen werden können. Das Gefühl der Erschöpfung ist montagmorgens genauso hoch wie am Freitagabend nach einer Arbeitswoche. Es gibt

---

[6] Maslach, „Burnout", Human Behaviour 9(5), 1976

keine Erholungsfähigkeit mehr.[7] Ebenfalls wird alles sehr persönlich genommen, es gibt keinen Schutzraum mehr, keine Art von Strandkorb-Gefühl, alles irritiert.

Burnout entsteht durch viele verschiedene Faktoren: die eigene Konstitution (z.B. dickes Fell, dünnes Fell), persönliche Faktoren (z.B. Perfektionismus hoch / niedrig, Erwartungen an sich selbst und andere) und äußere Faktoren (z.B. Arbeitsbelastung, soziales Netz). Grundsätzlich ist die Burnout-Abwehr-Fähigkeit sehr individuell.

Der eigene Energiehaushalt kann durch unterschiedliche Quellen aufgefüllt werden: R wie REGENERATION, A wie ACHTSAMKEIT, N wie NAHRUNG und D wie DENKEN.

STRANDKORB-PRINZIP 3: Stabilität

Sich gegen Stress und Burnout zu schützen, widerstandsfähig zu sein, kann gelernt werden. Das STRANDKORB-PRINZIP® möchte Sie unterstützen, bei Wind und Wetter stabil zu bleiben.[8] Die Voraussetzung dafür ist ein guter Energiehaushalt.

Wir sind weniger stabil, wenn wir uns kränklich fühlen. Dagegen wirft uns nicht aus der Bahn, wenn wir uns stark und gut erholt fühlen. Geht es beim Prinzip „Energie" um den Aufbau der inneren Energie, geht es beim Prinzip Stabilität um die äußere Abgrenzung und Organisation der Energie. Klassische Management-Themen finden sich in den Kapiteln K wie KOMMUNIKATION, O wie ORGANISATION, R wie ROLLEN und B wie BALANCING mit dem Blickwinkel auf Ihr Wohlbefinden wider.

STRANDKORB-PRINZIP 4: Wertschätzung

Damit das STRANDKORB-PRINZIP® bei Ihnen fruchtet und gedeihen kann, ist es notwendig, dass Sie sich selbst wertschätzen. Die Wertschätzung ist der Sand, auf dem Ihr Strandkorb steht.

---

[7] Bitte beachten Sie: Es gibt kein eindeutiges Symptom für ein Burnout, sondern 130 verschiedene. Wenn Sie gefährdet oder betroffen sind, lassen Sie sich von Ihrem Arzt beraten.
[8] Dieser Schutz wird der Psychologie auch „Resilienz" genannt. Resilienz bedeutet „Widerstandsfähigkeit auf Druck" (oder Stress) oder auch Selbstschutz. Menschen, die eine große Resilienz besitzen, meistern stressige Situationen ohne einen Schaden davon zu tragen. Im Gegenteil, meist gehen diese Menschen mit einem Zugewinn an Stärke und Widerstandskraft aus einer Krise hervor. Übertragen auf den Strandkorb bedeutet dies, dass durch die innere Balance eine Festigkeit entsteht sowie genügend Energie vorhanden ist, mögliche „Angriffe" und Ungleichgewichte zu erkennen, zu kontrollieren und abzuwehren.

Was heißt hier sich selbst wertschätzen? Was heißt überhaupt Wertschätzung?

Der Duden definiert Wertschätzung als Ansehen, Achtung; Anerkennung; hohe Einschätzung. Wertschätzung ist verbunden mit Respekt, Achtung, Wohlwollen und Anerkennung und drückt sich aus in Zugewandtheit, Interesse, Aufmerksamkeit und Freundlichkeit dem Gegenüber.

Mit Selbstwertschätzung meine ich auf dieser Definition aufbauend

- Ein Interesse für sich selbst zu haben, was macht mich aus?
- Ein Interesse, sich selbst besser verstehen zu lernen.
- Die eigenen Möglichkeiten und Grenzen auszuprobieren und kennen zu lernen.
- Die eigenen Stärken und Potentiale zu erkennen, aber auch die Schwächen.
- Sich selbst gut behandeln, freundlich zu sich selbst sein.
- Den Unterschied zu anderen anzuerkennen.
- Das Besondere in einem selbst zu erkennen und zu achten.
- Für sich selbst gut zu sorgen.

Es handelt sich um eine innere Grundhaltung. Wertschätzung ist eng verbunden mit dem Selbstwertgefühl. Voraussetzung für die Wertschätzung der eigenen Person ist die Aufmerksamkeit für sich selbst.

> *„Aufmerksamkeit erscheint als eine der wichtigsten, zugleich einer der knappsten, mithin umstrittensten Ressourcen unter Menschen. So auch im Umgang mit sich selbst...*
>
> *Im selben Maß aber, wie es an Aufmerksamkeit auf sich fehlt, wächst das Bedürfnis nach Aufmerksamkeit anderer. Und wenn diese partout nicht zu erlangen ist? Dann läge es am Ich, mit der Aufmerksamkeit auf sich den Anfang zu machen. Unmöglich ist allerdings, ohne Unterlass aufmerksam zu sein; Aufmerksamkeit braucht Erholung; und in der Unaufmerksamkeit ist sie zu finden: Äußere Unaufmerksamkeit ermöglicht die Zuwendung zu sich, innere Unaufmerksamkeit die Zuwendung zu anderen."* [9]

Oftmals fällt es uns leichter, etwas für einen anderen Menschen zu tun als für sich selbst. Besonders auffällig ist dies bei schwangeren Frauen, die wie auf Knopfdruck sich gesund ernähren möchten, damit es dem Kind gut geht. Das ist sehr lobenswert. Ich

---

[9] Wilhelm Schmid: Mit sich selbst befreundet sein, Suhrkamp Frankfurt am Main, 2004, S. 78f.

stelle mir in diesem Zusammenhang die Frage: warum muss es erst um eine andere Person gehen, warum tun wir es für andere lieber?

Ich möchte Sie dazu motivieren, sich jeden Tag wertzuschätzen. Eine ganz einfache Geschichte hierzu fand ich in einem meiner liebsten Kochbücher[10]:

> „Ich ging einmal bei Meditationstagen am Frühstücksbuffet entlang und gelangte am Ende des Tisches zu einer großen Schüssel mit frischem Obst…. Neben der Obstschüssel häuften sich auf dem Tisch Schalen, und während ich hin und wieder ein Apfelgehäuse oder einen Birnenstiel und wenige Orangen- und Mandarinenschalen entdeckte, fiel mir vor allem ein großer Haufen Bananenschalen auf. Offenbar waren die meisten Frühstücksgäste Bananenliebhaber. Oder sie waren zu keiner größeren Anstrengung bereit, als eine Banane zu schälen. …
>
> ‚Eine Apfelsine wäre nicht schlecht, aber dann müsste ich sie schälen.' – ‚Ein Apfel wäre toll, aber dann müsste ich hineinbeißen und ihn kauen – besser wäre er geschnitten'…
>
> Auf diese Weise werden sehr viele Bananen gegessen. Wir müssen herausfinden, ob wir uns die Mühe wert sind, eine Frucht zu öffnen, zu schälen und in Stücke zu schneiden. …
>
> Manchmal sind wir uns nicht sicher: ‚Habe ich heute wirklich geschnittenes Obst verdient?' Eine Freundin erzählte, dass Ihre Mutter sie immer neckte, wenn sie sich etwas gönnte: ‚Meine Güte, heute lassen wir es uns aber gutgehen.' Dazu kann ich nur sagen: ‚Das ist doch prima – für Sie selbst und für Ihre Lieben.'

In diesem Sinne wünsche ich Ihnen nun eine wohlwollende und wertschätzende Zeit bei der Entdeckung und beim Aufbau Ihres Strandkorbs.

---

[10] Edward Espe Brown: Das Lächeln der Radieschen, dtv München, 2004, S. 58f.

2. S wie STOP – die Standortbestimmung

In diesem Kapitel erfahren Sie

o   Wie momentan Ihre Wetterlage um und in Ihren Strandkorb herum aussieht, was Ihnen Energie kostet und was Ihnen Energie gibt.
o   Wie Sie Ihre eigenen Strickmuster zuordnen können und welcher Grundtyp Sie sind.
o   Woran Sie bei sich selbst und anderen Ungleichgewichte erkennen.

2.1 Wie ist Ihre Wetterlage?
Los geht es nun gleich mit einer Reflexionsübung.

Selbstreflexion: Wie ist Ihre Wetterlage?

Nehmen Sie sich 20 Minuten Zeit und einen Stift. Beantworten Sie auf den nächsten Seiten die Fragen in Stichpunkten.

Diese Übung ist bereits eine Methode des gesunden Selbstmanagements. Durch die Verbildlichung oder Beschreibung unserer Situation schaffen wir Ordnung und Distanz zu unserer Situation.

Wie würden Sie den Wetterbericht gestalten? Folgende Fragen sollen Ihnen hierzu als Stütze dienen:

o   Was gibt Ihnen Energie, wo ist Ihr Strandkorb stabil?

o   Und was kostet Sie Energie, wo hat Ihr Strandkorb vielleicht Löcher oder steht nicht fest?

- Wie windig ist es, wie viele Veränderungen gibt es, die für Bewegungen sorgen? Sind gerade viele Projekte am Laufen oder werden ständig neue Projekte angestoßen und wirbeln alles durcheinander?

- Wie ist die Temperatur? Genau richtig? Oder ist die Stimmung eher angeheizt, aggressiv oder unterkühlt?

- Wie sieht es aus mit Niederschlag? Gibt es Nebel und Unklarheiten oder gar Dauerregen in Form von Dauerkritik aus einigen Ecken?

- Gibt es Unwetter? Droht ein Gewitter oder Wirbelsturm?

- Gibt es eine Flut an Emails? Oder Berge voller Aufgaben? Wie beschreiben Sie Ihre momentane Arbeitsbelastung?

- Gibt es Aussicht auf ein Hochdruckgebiet oder sind Risiken in Form von Tiefdruckgebieten im Anmarsch?

- Wann geht bei Ihnen die Sonne auf, wann geht Sie unter?

- Wie ist Ihre Wetterlage insgesamt?

Selbstreflexion: Ein-Satz mit Auswirkungen

Nun beschreiben Sie Ihre Situation bitte mit einem Satz und / oder einem Bild, was Ihnen in den Sinn kommt. Welcher Satz oder welches Bild fasst Ihre Situation zusammen?

Wie wirkt sich Ihre Situation auf Sie persönlich und auf Ihr Umfeld aus? Notieren Sie dies ebenfalls.

A - Auswirkungen auf mich persönlich: B - auf meine Familie / Partner

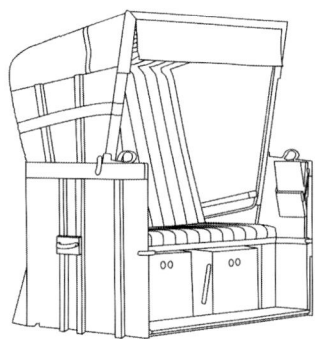

Meine Situation in einem Satz:

C - auf mich im Unternehmen   D - auf meine Mitarbeiter/Kollegen

Nun haben Sie mehr Klarheit über Ihre Situation. Vielleicht ging es Ihnen auch so, dass Sie noch gar nicht so genau benennen können, was belastet und was Energie gibt. Das macht nichts. Dann beobachten Sie sich in den nächsten Tagen zu diesen Aspekten. Gerade die letzte Ein-Satz-Übung ist eine Herausforderung. Aber Sie gibt Ihnen auch einen Perspektivwechsel und bereitet Sie bereits auf Kapitel TUN vor.

Egal wie nun Ihr Wetterbericht ausgefallen ist: Sie wissen, dass es bei jedem Menschen Wetterschwankungen gibt. An einem Tag scheint die Sonne, am nächsten Tag trübt Nieselregen und Nebel unsere Stimmung.
Diese Schwankungen sind normal. Sie zu verhindern baut nur unnötig Druck auf. Das Ziel ist, dass die Schwankungen sanfter ausfallen und wir schneller wieder in ein Hochdruckgebiet gelangen. Und das Ziel ist, dass wir die Kontrolle über diese Schwankungen bekommen.

Praxistipp: Schönwetterübung
Unser Gehirn kann nicht unterscheiden, ob wir uns etwas vorstellen oder ob es die momentane Wirklichkeit ist.

Deshalb: Denken Sie bei „schlecht Wetter" an eine Schönwetter-Situation, zum Beispiel an Ihre ganz persönlichen privaten oder beruflichen Erfolge. Unterstützen können Sie dies mit einem Erinnerungsfoto oder Ihrem Lieblingslied zu dieser Zeit.

2.2 Verstehen Sie Ihren Körper-, Mental- und Stresstyp

Wir Menschen sind alle unterschiedlich. Der eine hat ein dickes Fell und ist kaum aus der Ruhe zu bringen. Ein anderer wird schnell zum HB-Männchen und der dritte wird unsicher im Stress. Übertragen auf das Gummiband aus Kapitel 1 bedeutet das, dass wir unterschiedliche Gummibänder haben. Bei dem ersten ist es so dick wie ein Einmachgummi, bei dem anderen ist es ganz dünn.

Unsere Persönlichkeitsstruktur zeigt sich in unserem Verhalten. Unternehmen setzen zur Analyse der verschiedenen Persönlichkeitsstrukturen zum Beispiel das DISG®-Modell[11] ein. Dadurch können sich die Mitarbeiter besser einschätzen, verstehen und lösungsorientierter zusammen arbeiten.

„Menschen fühlen sich am wohlsten, wenn Sie ihren bevorzugten Verhaltensstil anwenden können."[12]

Diese Betrachtung möchte ich um körperliche und mentale Aspekte erweitern. Meines Erachtens beschreiben Modelle - wie zum Beispiel DISG - die äußeren Verhaltensstile, den Umgang mit anderen. Aber: körperliche Eigenschaften und Bedürfnisse, der innere Verhaltensstil, der Umgang mit sich selbst wird außer acht gelassen. Zum inneren Verhaltensstil zählen für mich Maßnahmen der gesunden Selbstführung. Ernährung, Achtsamkeit, Selbstorganisation, Regeneration.

So ist es möglich, durch die Abstimmung der Lebens- und Arbeitsweise auf die eigene Persönlichkeit die innere Balance zu steuern. Das bedeutet nicht, dass aus einem HB-Männchen ein Buddha wird. Es bedeutet, dass aus einem HB Männchen mit übertriebener Dominanz ein reguliertes HB Männchen wird.

---

[11] DISG steht für Dominant, Initiativ, Stetig, Gewissenhaft. Das DISG®-Modell wurde von John G. Geier entwickelt. Grundlage dieses Selbstanalysetools ist ein Fragebogen mit verschiedenen Wortgruppen, bei dem der Teilnehmer auswählt, was für ihn am ehesten und am wenigsten zutrifft.

[12] Lothar Seiwert, Friedbert Gay: Das neue 1x1 der Persönlichkeit, Gräfe und Unzer, München, 2004, Seite 9

Drei Grundstrickmuster gestalten unser Leben

Die Funktionsweise eines Organismus beruht auf drei Prinzipien. Diese Prinzipien sind die Grundstrickmustern[13] „Bewegung", „Umsetzung" und „Stabilität". Wir finden diese Prinzipien wie folgt in unserem Körper wieder:

- Das **Bewegungsprinzip** regelt Kreislauf, Nervensystem, Transport der Nahrung. Hauptelemente sind Raum und Luft.
- Das **Umsetzungsprinzip** sorgt für die Umwandlung der Nahrung in Energie und Stoffwechselvorgänge im Allgemeinen. Hauptelemente sind Feuer und Wasser.
- Das **Stabilitätsprinzip** sorgt für Zusammenhalt, Struktur und Schutz der Systeme durch Knochen, Knorpel, Muskel und Zellaufbau im Allgemeinen. Hauptelemente sind Wasser und Erde.

In jedem Körper ist das Verhältnis dieser drei Prinzipien zueinander unterschiedlich. Jeder hat sein natürliches, von Geburt an angelegtes Mischungsverhältnis. Dieses ideale Verhältnis ist zum Einen sehr schwer herauszufinden, zum Anderen ist es schwer beizubehalten. Das natürliche Mischungsverhältnis verschiebt sich im Laufe des Lebens durch Stress, Ernährung, Krankheiten. Unser individuelles Mischungsverhältnis beeinflusst unser Verhalten, unseren Stoffwechsel als auch unsere mentalen Aktivitäten und Grundeinstellungen. Wenn wir uns unserer Konstitution bewusst machen und unser Verhalten danach optimieren, geht es uns spürbar besser.

Eine genaue Konstitutionsbestimmung führt am besten ein ayurvedisch ausgebildeter Arzt durch. Erste Hinweise auf das bei Ihnen dominierende Prinzip gibt Ihnen die Tabelle auf der nächsten Seite. In den einzelnen Kapiteln werden die drei Prinzipien in den relevanten Teilbereichen jeweils detaillierter dargestellt.

Und wie verhalten sich nun die verschiedenen Prinzipien, wenn sie im Ungleichgewicht sind? In der zweiten Tabelle sehen Sie eine Auflistung typischer Stress-Symptome. Die Erkennung der eigenen Ungleichgewichte ist für den eigenen Strandkorb wichtiger als die genaue Kenntnis des Konstitutionstyps. Denn es gilt zunächst, die Ungleichgewichte auszugleichen, um unserem idealen Mischverhältnis näher zu kommen. In den nächsten Kapiteln finden Sie jeweils ausgleichende Empfehlungen dazu.

---

[13] Für Ayurveda-Interessierte: die Begriffe „Bewegung", „Umsetzung" und „Stabilität" werden für die Sanskrit-Begriffe Vata, Pitta und Kapha verwendet.

Erste Selbsteinschätzung[14] „eigener Grundtyp, eigene Konstitution"

Wo erkennen Sie bei sich die unterschiedlichen Prinzipien? Führen Sie eine erste Selbsteinschätzung durch. Kreuzen Sie an, wo Sie sich momentan wiederfinden.

	Prinzip „Bewegung"	Prinzip „Umsetzung"	Prinzip „Stabilität"
Körperbau	o Schlank, zart gebaut o Klein oder groß	o Mittel o Athletisch	o Stämmig o Gut entwickelt
Gewicht	o Geringes Gewicht, nimmt schwer zu	o Idealgewicht o Gute Muskulatur	o Schwer, nimmt schnell zu
Gesicht	o Klein, schmal	o Mittel, rötlich o Scharfkantig	o Groß, rund
Haut	o Trocken, rau, o Venen sichtbar	o Rotwangig, weich o Sommersprossen	o Feucht, dick, kühl o Wasseransammlungen
Haare	o Dünn, trocken,	o Rötlich, ergrauend	o Kräftig, viel
Hände	o Klein, kalt, rissig	o Mittel, rosig, warm	o Kräftig, groß, fest
Ausdauer	o Schwach, geringe Ausdauer	o Gut. leistungsstark	o Stark, ausdauernd, beginnt langsam
Aktivität	o Schnell, spontan, überaktiv, flexibel o Fängt vieles an	o Zielgerichtet, ehrgeizig, effizient o Machtvoll	o Stetig, würdevoll, zuverlässig o Unflexibel
Sprechweise	o Schnell, sprunghaft	o Überzeugend, argumentativ	o Langsam, entschieden, wohlüberlegt
Verstand	o Unentschlossen, neugierig, kreativ	o Intelligent, durchdringend, kritisch, zielgerichtet	o Gründlich, bedächtig, hält sich an Prinzipien
Gefühle	o Spontan, ängstlich, nervös, empfindlich	o Leidenschaftlich, heftig	o Ruhig, zufrieden, anhänglich
Lebens-Motto	o „Abwechslung / Bewegung"	o „Leistung / Wettbewerb"	o „Ordnung / Genuss"
Gesamtwert			

---

[14] Diese Tabelle ist angelehnt an Kerstin Rosenberg: Das große Ayurveda Buch, 2004 Gräfe und Unzer München, Seite 51

Erste Selbsteinschätzung „Stresstyp"

Wo sind momentane Ungleichgewichte? Kreuzen Sie an, was auf Sie momentan oder im Stress zutrifft.

	Prinzip „Bewegung"	Prinzip „Umsetzung"	Prinzip „Stabilität"
Körperlich	o Unregelmäßiger Hunger o Wechselhafte Verdauung o Verstopfung o Blähungen o Ohrenrauschen, Ohrensausen o Rückenschmerzen o Halsschmerzen, Heiserkeit o Schwindel o Energieschwankungen	o Sodbrennen o Bluthochdruck o Hautprobleme (gerötet, Akne, Unreinheiten) o Durchfall o Entzündungen o Übermäßiges Schwitzen o Roter Kopf o Säuerlicher Geschmack im Mund	o Erkältungen o Laufnase o Verstopfte Nebenhöhlen o Häufige Müdigkeit, Schweregefühl, Antriebslosigkeit o Aufgedunsenes Gefühl o Gewichtszunahme o Diabetes o Großer „Schweinehund"
Mental	o Stimmungs-Schwankungen o Hektisch, nervös o Ängstlich, unsicher o Selbstzweifel o Grübeln o Konzentrationsstörungen o Leicht abzulenken o Schwierigkeiten sich zu entscheiden o Schlafstörungen (Einschlafen, Durchschlafen) o Im Stress zappelig und eher ängstlich	o Gereizt o Aggressiv o Ungeduldig o Unrealistische Sichtweise o Streitsüchtig o Stur o Perfektionistisch o Setzt andere unter Leistungsdruck	o Matt o Geistig träge o Neigung zum Aufschieben o Eher anhänglich
Gesamtwert			

Diese Selbsteinschätzungen sind bewusst nicht mit dem Begriff „Test" verknüpft. Denn jede Konstitution bzw. Mischung ist gut und begrüßenswert. Es gibt kein richtig oder falsch. Dennoch gibt es hinsichtlich der Widerstandsfähigkeit, der Strandkorb-Fähigkeit und Notwendigkeit günstige oder ungünstige Konstitutionen. Menschen mit viel "Stabilität" besitzen von Natur aus eine gute Stressresistenz. Am wackeligsten ist der Strandkorb bei Menschen mit viel „Bewegungsprinzip": Der Strandkorb ist meist dünn; die eigene Energie und Stabilität bedarf einer sehr guten Fürsorge. Durchschnittlich ist die Abwehr- und Widerstandskraft bei den Menschen mit viel „Umsetzungsprinzip".

Auswertung

Grundsätzlich sind wir alle Mischtypen, haben alle drei Prinzipien in uns.

Insgesamt gibt es sieben verschiedenen Konstitutionen: drei Typen, in denen nur ein Prinzip dominiert, drei Typen, bei denen zwei Prinzipien dominieren und schließlich ein Typ, bei dem die drei Prinzipien ausgeglichen sind.

Bei den Stresstypen ist die Dominanz von einem oder zwei Prinzipien sehr häufig. Wie Sie sehen, finden sich die meisten Stress-Symptome im Bereich des Bewegungsprinzips. Dieses Prinzip ist auch am empfindlichsten, am leichtesten störanfällig. Falls Sie sowohl Ungleichgewichte im Bereich Bewegung haben als auch in einem weiteren Bereich, sollten Sie die ausgleichenden Empfehlungen für das Bewegungsprinzip immer zuerst befolgen. Denn das Bewegungsprinzip ist der Schrittmacher für die anderen Beiden.

Vielleicht hat Ihnen diese Einführung in die verschiedenen Typen schon geholfen, sich selbst und auch Ihr Umfeld besser zu verstehen. Wie Sie merken, gibt es kein allgemein gültiges „richtiges" oder „falsches" Verhalten. Sondern es geht darum, sich selbst gemäß der eigenen Konstitution günstig zu verhalten. Dadurch ist jeder einzelne mehr in seinem Gleichgewicht und wird persönliches Wohlbefinden und persönlichen Erfolg erreichen. Es wird sich individuell „richtig und gut" anfühlen.

Praxisbeispiele

Nun kann es durchaus sein, dass Sie in der Konstitutionseinschätzung eine Dominanz bei dem Umsetzungsprinzip erkennen, aber eher der „Bewegungsstresstyp" sind. Dann sollten Sie in darauf achten, dass Bewegungsprinzip auszugleichen.

So war es zum Beispiel bei **Herrn Schulze**[15]. Herr Schulze kam mit dem Ziel „Ich möchte meine PS mehr auf die Straße bringen" zu mir. Er klagte über Konzentrationsstörungen, einem Energiemangel sowie einer mangelnden Durchsetzungsfähigkeit und generellen Unzufriedenheit. Die Symptome deuteten auf Ungleichgewichte vor allem im Bereich des „Bewegungsprinzips" hin. Die mangelnde Durchsetzungskraft ließ außerdem ein Ungleichgewicht im Bereich „Umsetzungsprinzip" erkennen. Die natürliche Konstitution schätzte ich auf den Schwerpunkt „Umsetzung / Bewegung" ein. Herr Schulze berichtete von jahrelangen persönlichen und beruflichen Herausforderungen und vielen Veränderungen. Es war zu viel für Herrn Schulze „in Bewegung", gepaart mit hohem Leistungsdruck und eigenen hohen Ansprüchen. Ich erklärte ihm den Zusammenhang zwischen dem Bewegungsprinzip und dem Umsetzungsprinzip anhand eines Vergleiches. Das Umsetzungsprinzip können wir uns vorstellen wie ein Feuer. Das Bewegungsprinzip ist wie ein Blasebalg, der das Feuer anheizt. In der letzten Zeit gab es bei Herrn Schulze zu viel Blasebalg. Das Feuer brannte zu stark, so dass die Kohlen erloschen und das Feuer weniger brannte. Die Ausrichtung für Herrn Schulze war es zunächst, die Bewegungsenergie zu reduzieren. Die Hauptempfehlungen lauteten Ruhe und Wärme. Wärme empfahl ich in Form von Bädern und warmen Essen. Die Ruhe sollte sich durch bewusste Auszeiten von Radio, TV, etc. einstellen. Ebenfalls empfahl ich einige Achtsamkeitsübungen (siehe auch Kapitel A wie ACHTSAMKEIT).

Als zweites Beispiel möchte ich Ihnen von **Frau Schmidtke** berichten. Frau Schmidtke ist eine junge Führungskraft, die in einem sehr dynamischen Umfeld arbeitet. Sie möchte vor allen Dingen lernen, besser abzuschalten, gelassener mit Stress umzugehen und sich im Stress auch besser abzugrenzen. Als Begleitziel möchte Sie sich besser ernähren und Gewicht abnehmen. Die Stresssymptome sind körperlich im Bereich der Stabilität zu sehen (Übergewicht). Mental ist das Bewegungsprinzip (zu viel) sowie das Umsetzungsprinzip (zu wenig) im Ungleichgewicht. Ihre Grundkonstitution ist körperlich vom Stabilitätsprinzip dominiert. Dieses drückt sich auch mental aus: eine ruhige, besonnene Art, hohe Gewissenhaftigkeit, Loyalität, Zufriedenheit und Fürsorge anderen Menschen gegenüber. Gleichzeitig werden auch mentale Aspekte aus den anderen beiden Prinzipien deutlich: eine hohe Kontakt- und Kommunikationsfreude

---

[15] Aus Gründen der Diskretion sind alle Namen der Praxisbeispiele anonymisiert.

(Bewegungsprinzip) sowie der starke Wunsch, zu führen, zu machen und zu begeistern (Umsetzungsprinzip). Insgesamt eine spannende Konstitution, bei der es zunächst wie bei Herrn Schulze darum geht, die Bewegungsenergie zu beruhigen. Parallel kann körperlich mit dem Aspekt der Ernährung zur Reduktion des Stabilitätsungleichgewichts gearbeitet werden. Für beide Zielrichtungen galt es für Wärme zu sorgen. Warmes Essen zu bevorzugen war eine der Hauptempfehlungen. Wichtig war, den Übergang vom Arbeitstag in den Feierabend harmonischer zu gestalten. Hier halfen Frau Schmidtke vor allen Dingen die Tagesprotokolle, eine warme Dusche nach Feierabend sowie Abschaltübungen. Diese werden in den Kapiteln D wie DENKEN und A wie ACHTSAMKEIT erläutert.

Konstitutionstypen im Alltag

Im Alltag gibt es gute Möglichkeiten, Konstitutionstypen zu erkennen.

Menschen mit viel Bewegungsenergie sind immer in Bewegung, am Zappeln und Zuppeln. Sie haben viele Ideen, sind sehr kreativ, können unheimlich gut Dinge anfangen und tun sich schwer damit, bei der Sache zu bleiben und etwas zu Ende zu bringen. Der Schreibtisch ist vermutlich eher chaotisch, strukturierte Planungen verlieren gegenüber Post-It. Sie haben kein Problem Kontakte zu knüpfen und Small Talk zu halten, reden sehr viel. Sie brauchen Abwechslung. Und so ist es typisch, dass der Wohnort oder Arbeitgeber regelmäßig gewechselt wird. Essen und Trinken ist nicht so wichtig und wird auch vergessen. Die Wohnung ist eher spartanisch eingerichtet.

Die Arbeitsweise und Einrichtung der Umsetzer ist dagegen funktional und ordentlich. Strukturiertes Arbeiten und Reden liebt er genauso wie Projektlisten. Dinge abzuhaken ist diesem Typus wichtig. Sachverhalte werden sehr schnell verstanden und auf den Punkt gebracht. Es ist ihnen wichtig, Dinge sehr gut zu machen. 100% ist zu wenig. Auch die Hobbies sind leistungsorientiert. Einfach mal laufen zu gehen ohne Pulsuhr/Kontrolle nahezu unmöglich. Genauso unmöglich, wie eine Mahlzeit auszulassen. Gerade wenn das Mittagessen naht, wird dieser Typ sehr hungrig und unruhig, wenn es ausfällt. Meist braucht er schon um 11:00 Uhr etwas zu essen. Er friert sehr selten. Wenn ein Umsetzungstyp und ein Bewegungstyp sich ein Büro im Winter teilen, wird es zu Diskussionen kommen. Der Bewegungstyp kann es nicht warm genug haben. Der Umsetzungstyp braucht viel frische Luft.

Und wenn ein Stabilitätstyp noch mit im Büro sitzt, wird es an Naschereien und Fürsorge nicht mangeln. Mit das wichtigste für Stabilitätsmenschen ist das Essen. Die Kühlschränke sind voll. Und Gäste werden bei diesem Typus regelrecht verwöhnt mit besten Rezepten, Weinen und Desserts. Dass es allen gut geht um sich herum ist ein Hauptantrieb. Stabilitätsmenschen sind ideale Durchdenker von Projekten. Sie wollen es sehr genau wissen. Damit und durch ihre ruhige Art sind sie die ideale Ergänzung für die anderen beiden Typen. Sport macht dieser Typ meist nur aus Vernunftgründen, um abzunehmen. Sport wird nicht wie bei den anderen Typen zum Wohlfühlen benötigt.

Wie leben nun die unterschiedlichen Konstitutionen zusammen? Übertrieben dargestellt könnte das so aussehen:

Zwei Stabilitätstypen werden einen Großteil ihrer Beziehung mit Essen planen, einkaufen, kochen und essen verbringen. Zwei Umsetzungstypen treiben sich gegenseitig an, zum Beispiel beim Lauftraining. Und zwei Bewegungstypen sind die ganze Zeit am Reden und ziehen schon wieder um, bevor die Kisten überhaupt ausgepackt sind. Und alle fühlen sich gut dabei! Wahrscheinlicher ist in einer Beziehung die Mischung von den verschiedenen Typen – und das macht es interessant, spannend und ausgleichend für alle!

Ihr eigener Grundtyp / Konstitution im weiteren Buchverlauf

In den nächsten Kapiteln werden Sie für die einzelnen Themen weitere ‚typische' Merkmale kennen lernen. Bitte lesen Sie sich die Merkmale für alle drei Typen durch. Denn es kann durchaus sein, dass Sie in einzelnen Bereichen eine andere Ausprägung als bei Ihrem Grundtyp haben.

 Mein Fazit / das nehme ich mit für meinen Strandkorb:

3. T wie TUN – die Zielfindung

In diesem Kapitel erfahren Sie

o   Was Sie bei stürmischen Wetter oder Unwetter als Soforthilfe tun können;
o   Welche grundsätzlichen, typgerechten Maßnahmen es gibt;
o   Wie Sie Ihre Ziele gestalten, damit Sie nachhaltig und umsetzbar sind.

Ging es im vorherigen Kapitel noch um das „bewusstmachen" geht es in den folgenden Kapitel nun mehr um das „bewusst machen" – mit Betonung auf Machen. Im Kapitel S wie STOP haben Sie sich selbst schon eingeschätzt und vielleicht etwas besser kennengelernt und verstanden.

Zu Anfang des Kapitels T wie TUN erfahren Sie nun, was Sie bei stürmischem Wetter machen können, egal welcher Typ Sie sind. Im weiteren Verlauf gibt Ihnen das Kapitel weitere Übungen zur Zielfindung an die Hand.

3.1 Soforthilfe bei Unwetter – für alle Typen geeignet

In sehr stressigen Situationen benötigen wir sofort ein Pflaster. Dazu habe ich Ihnen hier ein paar Best-Of-Tipps für schnelle Erleichterung zusammengestellt.

Tipps für schnelle Erleichterung:
Was können Sie direkt bei stürmischem Wetter tun?
Manchmal stürmt es um uns herum, der Strandkorb wackelt. Wir benötigen sofort ein Mittelchen, um stabil zu sein und das Unwetter zu überstehen. Probieren Sie folgende Möglichkeiten aus.

o   Ein Glas Wasser trinken – das versorgt das Gehirn mit Energie und kühlt für den Moment etwas ab.

o   Schaffen Sie Abstand: Entweder entfernen Sie sich räumlich von der Situation (mal auf die Toilette gehen) oder Sie fragen sich: wie schlimm ist die Situation auf einer Unwetterskala von 0 – 543? Wird die Welt untergehen, besteht Lebensgefahr? Lohnt es sich wirklich so aufzuregen, als wenn ein Löwe hinter Ihnen steht? Vermutlich nicht. Die meisten Situationen sind nicht lebensbedrohlich.

- Atmen Sie ein und doppelt so lange aus, zum Beispiel im Rhythmus des Wortes entspannen, bei „Ent" einatmen, bei „spannen" ausatmen. Die Ausatmung aktiviert direkt unser Entspannungssystem im Körper.

- Lassen Sie sich kaltes Wasser über die Pulsflächen am Handgelenk (oder die ganzen Unterarme) laufen.

- Wie werden Sie wohl in einem Jahr über die Situation denken? Werden Sie überhaupt noch daran denken? Wenn nein, warum ärgern Sie sich dann jetzt so sehr?

- Bedenken Sie: Sie haben die Strippen in der Hand, Sie bestimmen, wovon Sie sich stressen lassen, was Ihnen Energie kosten darf. Entscheiden Sie sich in solchen Situation bewusst dafür, Ihre Energie anders und konstruktiver einzusetzen.

- Fragen Sie sich: was ist als nächstes zu tun?

3.2 Grundsätzliche typgerechte Maßnahmen

In der ganzheitlichen indischen Heilkunst wird jegliches Ungleichgewicht durch folgende Lebensgesetze erklärt:

1. Gleiches vermehrt Gleiches.
2. Ungleiches, Gegenteiliges reduziert Gleiches.
3. Die Ursache für ein Ungleichgewicht ist immer ein „zu viel", „zu wenig" oder „falscher" Gebrauch von Verhalten oder Mitteln.

Übertragen auf die drei Prinzipien bedeutet es, dass das Bewegungsprinzip durch Bewegung, das Umsetzungsprinzip durch Druck und das Stabilitätsprinzip durch Inaktivität erhöht wird. In der folgenden Tabelle sehen Sie die Hauptursachen und Hauptmaßnahmen für die drei Prinzipien. Hier tauchen bereits Aspekte der nächsten Kapitel auf, wie zum Beispiel aus dem Bereich N wie NAHRUNG. Dies wird noch ausführlich erklärt. Die Tabelle dient zur ersten Orientierung.

Ein Mensch mit einem Grundtyp „Bewegungsprinzip" und einem Stresstyp „Bewegungsprinzip" wird umso mehr aus dem Gleichgewicht kommen, je mehr er auf Dienstreisen ist oder die für ihn falschen Nahrungsmittel isst. Positive Ausgleichs- und Gegenmaßnahmen sind grundsätzlich Wärme, Regelmäßigkeit und Ruhe.

Tabelle Belastungsfaktoren:
Hauptbelastungsfaktoren und Gegenmaßnahmen: Überlegen Sie, wo Ihre persönlichen Belastungsfaktoren sind und kreuzen Sie diese an.

	Zu viel Bewegungsprinzip	Zu viel Umsetzungsprinzip	Zu viel Stabilitätsprinzip
Äußere Belastungs-Faktoren	o Zu viel Reisen o Zu viel Veränderung o Zu enge Vorgaben, zu wenig Raum für Kreativität o Wetter: Kälte, Trockenheit o Sehr viel Arbeit bzw. Anstrengung, ungenügend Ruhe o Hoher Druck o Zu wenig Raum für Kreativität o Störungen	o Zu starke Vorgaben o Zu wenig Sport o Zu viel Druck o „imperfekte" Menschen o Hoher Stress, wenig Dampfablassen möglich o Warmes, schwüles Wetter o Sonnenbrand o Zu wenig Anerkennung	o Zeitdruck / Hektik o Veränderungen o Zu wenig Ruhe o Gewichtszunahme o Feuchtkaltes Wetter, Schnee# o Diabetes in der Familie
Körperliche Belastungs-Faktoren	o Zu viel trockenes und kaltes Essen (Knäckebrot, Brötchen, Salat) o Schwer verdauliches Essen	o Scharfes, fettiges, salziges Essen o Zu viel Kaffee und Alkohol	o Schweres, schleimiges, schwer verdauliches Essen (Käse, Sahne, Fleisch, ..)
Positive Gegen-Maßnahmen	o Wärme o Regelmäßigkeit o Ruhe	o Vermeidung von Extremen o Reduktion der Schärfe und des Druckes	o Bewegung o Leichtigkeit o Schärfe

Ein Konzept bei einer Veränderung und Verbesserung Ihrer Situation hin zu mehr Lebensqualität, Wohlbefinden und Energie ist die Ursachenvermeidung. Anhand der nächsten Tabelle können Sie reflektieren, welche der identifizierten Belastungsfaktoren Sie reduzieren können.

Welche Belastungsfaktoren können Sie reduzieren?
Welche Belastungsfaktoren können Sie vermeiden? Woran können Sie etwas ändern? Welche Energiefresser können Sie reduzieren?

Belastungsfaktor	Wie kann ich diesen reduzieren oder vermeiden?
Viele Störungen von außen, keine Zeit zum konzentrierten Arbeiten.	Vielleicht einmal Telefon umstellen? Nein sagen lernen, die Tür zu machen.

3.3 Entscheidungstypen verstehen & typgerechte Empfehlungen

Menschen sind auch bei der Zielfindung sehr unterschiedlich gestrickt. Die Umsetzer mögen Ziele, ja brauchen sogar Ziele für ihr Wohlbefinden. Dagegen möchten sich die Bewegungstypen nicht festlegen.

Vergleichen wir die Zielfindung wieder mit der Spannung von einem Gummiband, so sollte ein Ziel eine angenehme Spannung darstellen. Ist das Ziel zu hoch, überspannt das Gummiband und das ist nicht zuträglich. Ist das Gummiband zu wenig angespannt, labbert es vor sich hin, hat es zu wenig Zugkraft – sprich, das Ziel zieht nicht. Ein gutes Zeichen, dass das Gummiband richtig gespannt ist: wenn Sie bei Ihrem Ziel ein positives Kribbeln haben und denken „Mensch, das wäre echt cool, wenn ich das schaffe".

Menschen mit sehr viel Feuer bzw. Umsetzungsenergie sind bei der Zielfindung sehr ehrgeizig. Für Sie ist zum Beispiel das Ziel „2-3 pro Woche Laufen" kaum ausreichend. Es muss gleich die Teilnahme am Halbmarathon oder Marathon dahinter stehen. Für diejenigen unter Ihnen, die sich dabei wiederfinden, gilt es, die Extreme zu meiden und auch bei der Zielfindung das rechte Maß zu finden.

Die eher kreativeren Menschen neigen dazu, zu viele Ziele, zu viele Veränderungen anzustreben. Ihnen wird schnell langweilig. Für Sie ist wichtig, dass Sie sich auf ein Ziel vorerst konzentrieren und dies wirklich nachhaltig angehen.

Und diejenigen mit viel Stabilitätsprinzip sind gar nicht so scharf auf Ziele. Es ist doch alles schön so, wie es ist. Dann würden Sie aber dieses Buch nicht lesen. Also raus aus der Komfortzone!

Weitere typische Beschreibungen und Empfehlungen sehen Sie in der folgenden Übersicht.

Typgerechte, ausgleichende Empfehlungen

Schauen Sie sich die typischen Merkmale an und machen Sie Kreuze, wo Sie sich wieder erkennen. Dort wo die meisten Kreuze sind, sind die Empfehlungen für Sie am wichtigsten.

	Typisch	Empfehlungen
Entscheidungstyp „Bewegung"	o Mag Veränderungen und demnach auch Neues, aber: o Möchte sich nicht festlegen o Lehnt Ziele eher ab, hindert seine Flexibilität o Mag eher Zielbilder o Nimmt sich zu viele Ziele vor bzw. ändern diese sich sehr häufig,	o Weniger Ziele vornehmen o Weniger ist mehr o Realistisch bleiben – was ist wirklich möglich o Achten Sie auf Ihren Energiehaushalt!
Entscheidungstyp „Umsetzung"	o Mag Ziele als Herausforderungen o Möchte alles in Zielen ausdrücken o Findet Kennzahlen gut o Ziele sind Leistungsantrieb o Braucht sehr viele Ziele und Herausforderungen zu seinem Wohlbefinden	o Oftmals haben Sie im Berufsleben schon viele Ziele, im Privaten auch mal gelassener bleiben o Sie müssen nicht gleich einen Marathon laufen, wenn es darum geht, ein wenig sportlicher zu werden o Auch für Sie: was ist wirklich realistisch?
Entscheidungstyp „Stabilität"	o Benötigen viel Zeit zur Zielfindung o Wenn erst einmal ein Ziel da, wird es auch sehr konsequent verfolgt o Mag nicht so die Veränderung	o Denken Sie wirklich an sich o Wagen Sie die Veränderung

3.4 Langfristige Ziele und Zielerreichung

Für die langfristige Betrachtung und Veränderung sind ein paar tiefergehende Übungen notwendig, damit Sie nachhaltigen Erfolg haben. Um den Schweinehund dauerhaft zu überwinden, benötigen Sie eine Antwort auf folgende Frage:

Warum möchten Sie überhaupt etwas ändern?

Genauso wie wir einen Sinn bei der Arbeit suchen, suchen wir auch einen Sinn in einer Veränderung. Denn eine Veränderung bedeutet erst einmal eine Anstrengung. Es bedeutet, den bisherigen gewohnten Weg zu verlassen. Das ist per se ein Stressfaktor, da es eine Situationsveränderung ist. Dies schmeckt unserem Schweinehund überhaupt nicht. Dieser möchte Schmerz vermeiden und am liebsten nur genüsslich auf der Couch hocken. Dass dieses Verhalten auch irgendwann einmal schmerzvoll sein kann, interessiert ihn nicht.

Also kitzeln Sie Ihren Schweinehund ein wenig und beantworten Sie sich diese Frage wie folgt:

Selbstreflexion:
Warum möchten Sie überhaupt etwas ändern?
Wozu möchten Sie Ihr Leben in Zukunft in Richtung Wohlbefinden, Lebensqualität, Energie steigern? Was wollen Sie damit anfangen? Was ist für Sie attraktiv daran?

⇨ Finden Sie hierzu acht Argumente, betrachten Sie alle Lebensbereiche (körperliche Gesundheit, Gefühle, soziales Leben, Familie, Arbeiten, etc.). Dies kann zum Beispiel sein: Ich möchte wirklich für meine Familie da sein. Ich möchte mich besser fühlen, etwas für mich tun. Ich möchte keinen Burnout / Herzinfarkt haben und lange für meine Kinder da sein.
⇨ Bringen Sie diese Argumente in eine Reihenfolge, was ist für Sie am wichtigsten? Dieses Argument bekommt die 1, das am wenigsten reizvollste die 8.
⇨ Welche vier Argumente würde Ihre beste Freundin / bester Freund oder Ihr Partner / Ihre Partnerin zusätzlich anführen?

	Mein Argument / Meine Antwort auf „Wozu das ganze?"
1	
2	
3	
4	
5	
6	
7	
8	
	Argumente von meinem Partner / besten Freund / Freundin

Sie können nun direkt weiter machen und tiefer in die Zieldefinition einsteigen. Oder Sie kommen später, nachdem Sie das Buch gelesen haben, wieder zurück. Das überlasse ich Ihnen.

Selbstreflexion: Wie und wo ist Ihr Leuchtturm?

Denn nun geht es weiter mit der Zieldefinition. Noch weiter mögen Sie vielleicht denken … Ja. Denn je genauer Sie dies machen, umso einfacher wird Ihnen die Umsetzung fallen. Um in der Bildsprache der Strandkorb Umgebung zu bleiben, geht es nun daran, das Ziel, den Leuchtturm genauer zu definieren und auch den Weg dorthin zu skizzieren. Und zwar schriftlich. Das macht die ganze Sache für Sie verbindlicher und Sie haben das Thema „aus dem Kopf". Ihre Klarheit wird sich dadurch steigern. Oft denken wir ja viel zu sehr nach und bleiben im Nebel mit unklaren Zielen stecken: „ich möchte abnehmen" oder „ich möchte mehr Sport machen" oder „insgesamt mehr Lebensqualität haben". Aber was heißt das konkret für Sie?

Als Unterstützung dafür finden Sie verschiedene Fragestellungen, die Ihr Ziel fassbarer und letztendlich auch messbar machen.

Diese finden Sie mit einem Beispiel in der Tabelle auf den nächsten Seiten. Nutzen Sie diese Tabelle und die Fragen als erste Richtschnur und auch Zielskizze. Sicherlich wissen Sie noch nicht so genau, wie Sie Ihr Ziel erreichen und möchten konkrete Tipps auch aus diesem Buch wissen. Das ist in Ordnung.

Dennoch haben wir meist schon eine Ahnung, wie wir es schaffen könnten. Also: einfach anfangen! Sie können die Tabelle ja für sich im Laufe des Buches erweitern und anpassen oder beim Durchlesen ausfüllen.

Praxisbeispiel:

Das ist mein Ziel bis zum 13. Juni 2011, das möchte ich erreichen	*Beispiel: ich fühle mich wohler und bin fitter, habe insgesamt mehr Energie*
Wie fühlt sich dieses Ziel bei der Erreichung an? Welche Emotionen habe ich bei der Zielerreichung?	*Die Hosen kneifen nicht mehr so, ich hab mehr Ausdauer, ich wache morgens vor dem Wecker auf, ich fühle mich lebendiger, frischer – wie Morgentau*
Was oder wen benötige ich, um diese Ziele zu erreichen? (Kenntnisse, Menschen, etc.)	*Zeit für mich* *Wissen, wie ich trainieren muss* *Wissen, was für mich eine gute Ernährung ist*
Welches Verhalten, welche Handlungsalternative unterstützt meine Zielerreichung?	*Runter vom Sofa, rein ins Sportzeug* *Unterstützung suchen und annehmen*
Auf wen, auf welche Menschen wirken sich meine Aktivität und meine Zielerreichung aus?	*Partner, Freunde, ggf. Kollegen, weil ich früher nach Hause gehe oder mich anders verhalte*
… daran merken es die anderen	*Bin weniger gereizt, besser drauf, sehe besser aus, habe abends noch Energie für die Freizeit, vielleicht sagt auch jemand, dass ich abgenommen habe oder mehr strahle?*
Wen sollte ich informieren, mit einbeziehen?	*Partner, Vorgesetzen*
Auf einer Skala von 0-100 – wo bin ich jetzt mit meinem Ziel - Und wo bin ich in 12 Monaten?	*20 ➔ 80*
Was leiten sich daraus konkret für Aktivitäten ab?	*Mal wieder radfahren oder laufen?* *Und vielleicht Ernährung umstellen? Mal wieder oder regelmäßig eine Massage gönnen*
Was ist dann in meinem Alltag anders?	*Ich nehme mir bewusst Zeit für mich, plane meine eigenen Termine in meinen Kalender ein.* *Mittwochs und Freitags mache ich Sport*
Was sind mögliche Hindernisse?	*Keine Zeit, vergesse es, hab die Telefonnummer nicht dabei… Mein Schweinehund*
Was sind meine Überwindungsstrategien?	*Reminder im Kalender machen, Zeit blocken*
Was kann ich bereits heute tun, um mein Ziel zu erreichen?	*Mit meinem Partner über mein Vorhaben sprechen, ihn um seine Unterstützung bitten*
Was tue ich in der nächsten Woche, um mein Ziel zu erreichen?	*Leistungs-EKG und Blutbild untersuchen – Arzttermin machen – gleich nächste Woche* *Neue Laufschuhe kaufen, wenn Arztergebnis ok ist* *Ernährungsberatung suchen*

Und nun finden Sie eine Tabellen für Ihre Zieldefinition. Sie können diese auch als Kopiervorlage nutzen.

Das ist mein Ziel bis _____	
Wie fühlt sich dieses Ziel bei der Erreichung an? Welche Emotionen habe ich bei der Zielerreichung?	
Was oder wen benötige ich, um diese Ziele zu erreichen? (Kenntnisse, Menschen, etc.)	
Welches Verhalten, welche Handlungsalternative unterstützt meine Zielerreichung?	
Auf wen, auf welche Menschen wirken sich meine Aktivität und meine Zielerreichung aus?	
... daran merken es die anderen.	
Wen sollte ich informieren und mit einbeziehen?	
Auf einer Skala von 0-100 – wo bin ich jetzt mit meinem Ziel - Und wo bin ich in 12 Monaten?	
Was leiten sich daraus konkret für Aktivitäten ab?	

Was ist dann in meinem Alltag anders?	
Was sind mögliche Hindernisse?	
Was sind meine Überwindungsstrategien?	
Was kann ich bereits heute tun, um mein Ziel zu erreichen?	
Was tue ich in der nächsten Woche, um mein Ziel zu erreichen?	

Selbstreflexion: Wie soll es denn sein?
Nehmen Sie nun an, dass Ihr Vorhaben, etwas für sich zu tun, ein voller Erfolg ist. Was für ein Bild haben Sie vor Augen? Was ist dann in zwölf Monaten anders? Woran merken Sie es? Woran merken es die anderen?

Meine Idee für ein Zielbild ist:

Wie fühlen Sie sich, wenn Sie das Ziel erreicht haben?

Was merkt Ihr Umfeld davon? (Vergleichen Sie dies mit den Auswirkungen Ihrer momentanen Situation, die 1-Satz-Übung.)

3.5 Ziel gefunden – Praktische Tipps für die ersten Schritte

Sie haben Ihr Ziel gefunden und schriftlich fixiert? Gratulation! Damit sind Sie einen sehr großen Schritt zu einem stabilen Strandkorb weiter gekommen. Der Leuchtturm steht, vielleicht ist er noch recht weit weg. Keine Sorge. Auf dem Weg dorthin werden Sie Unterstützung erfahren. Die ersten kleinen Helferlein finden Sie in den nächsten Kapiteln.

Ein kleiner Schritt ist besser als ein großer oder: „Kleine Schritte sind mehr als große Sprüche." Sagte Willy Brandt.

Es ist besser einen kleinen Schritt zu tun als einen großen. Warum? Große Schritte verlangen mehr Veränderung, mehr Kraft als die kleinen Schritte. Aber schon ein kleiner Schritt verändert wieder die eigene Position, Sichtweise und Energie. Leider sind wir heute immer wieder von „höher, schneller, weiter" getrieben, so dass uns kleine Schritte als zu klein und nicht erwähnenswert vorkommen. Machen Sie es anders! Schätzen Sie mehr die kleinen Dinge, sehen Sie auch in kleinen Schritten große Erfolge.

Nehmen Sie sich pro Woche eine kleine Veränderung vor und setzen Sie diese konsequent um. Das reicht.

Haben Sie Geduld mit sich und mit Ihrem Umfeld. Oder „Eine Angewohnheit kann man nicht aus dem Fenster schmeißen, man muss sie Stufe für Stufe hinunter boxen" – Mark Twain

Dieser Hinweis schließt sich unmittelbar an den ersten an. Alte Verhaltensweisen haben Sie über Jahre einstudiert, die gehen automatisch und sind reflexartig. Eine neue Verhaltensweise muss innerhalb von 72 Stunden nach dem Vorsatz begonnen und mindestens drei Wochen (besser drei Monate) lang jeden Tag lang einstudiert werden. Erst dann hat sie eine Chance zur Gewohnheit zu werden. Stellen Sie sich einmal eine große Wiese vor. Durch diese Wiese geht ein gepflasterter Feldweg – das ist Ihre jetzige Verhaltensweise. Nun möchten Sie aber einen neuen Weg gehen und gehen das erste Mal durch diese Wiese abseits vom Feldweg. Nachdem Sie einmal hindurchgegangen sind, bleibt eine schwache Spur. Nachdem Sie jeden Tag einmal diesen neuen Weg gehen, entsteht nach und nach ein Trampelpfad. Irgendwann wird aus diesem Trampelpfad ein fester Weg. So verhält es sich mit der neuen Angewohnheit.

Haben Sie Geduld und gehen Sie regelmäßig „Ihren Trampelpfad"

Kleine tägliche Entscheidungen mit dem Zielbild im Kopf

Behalten Sie Ihr Zielbild im Kopf. Halten Sie bei Ihren Alltagsentscheidungen inne und fragen sich: ist das jetzt meinem Ziel zuträglich? Dann entscheiden Sie. Wenn Ihr Zielbild zum Beispiel „ruhiger bleiben" ist und Sie merken, dass Sie hektisch und fahrig werden. Stoppen Sie und fragen Sie sich: welchen Weg möchte ich jetzt gehen? Wuselig werden (den großen Feldweg gehen) oder etwas Neues ausprobieren und erst einmal durchatmen und ein Glas Wasser trinken (Trampelpfad).

Wissen ist nicht wissen, tun ist wissen.

„Ich versuche dann mal mehr Wasser zu trinken." Versuchen bringt nichts. Sie können ja mal bewusst versuchen, sich auf einen Stuhl zu setzen anstatt sich einfach hinzusetzen. Also: einfach machen.

Oder wie Boris Grundl sagt: „Kennen ist nicht können... Kennen heißt, sich berieseln zu lassen, kurzfristig Spaß zu haben, ein gutes Gefühl genießen. Können bedeutet, hart zu arbeiten."[16]

Ich versichere Ihnen, dass Sie belohnt werden. Sie werden mehr Energie haben und sich einfach besser fühlen, wenn Sie anfangen, etwas für sich zu tun.

.

---

[16] Boris Grundl: Steh auf! Bekenntnisse eines Optimisten, Berlin 2010, Econ, Seite 70

Mein Fazit / das nehme ich mit für meinen Strandkorb:

Die letzten beiden Kapitel unterstützten Sie bei der Erhöhung Ihrer Klarheit. Nun geht es in den nächsten Abschnitten um die Erhöhung Ihrer Energie. Dazu gibt es unterschiedliche Energiequellen: R wie REGENERATION, A wie ACHTSAMKEIT, N wie NAHRUNG und D wie DENKEN.

4. R wie REGENERATION – Auftanken und A wie ACHTSAMKEIT - Entschleunigen

Warum ist Regeneration so wichtig? Denken Sie an das Gummiband. Wir brauchen die Entspannung, um wieder richtig anspannen zu können. Im Leistungssport ist die richtige Erholung und Regeneration mindestens genauso wichtig wie das Training selbst. Denn in der Zeit der Ruhe kann der Körper die Anspannung verarbeiten und sich auf die nächsten Trainingsreize vorbereiten. Und so ist es auch im normalen Leben ohne Leistungssport: wir brauchen die Regeneration, um die Eindrücke des Tages zu verarbeiten, zu verdauen und neue Energien aufzubauen.

Grundlage für die Regeneration ist zunächst einmal die eigene Wertschätzung „Ich verdiene jetzt auch eine Pause" und die Entwicklung einer Aufmerksamkeit für sich selbst: Wann ist meine Belastungsgrenze erreicht? Was würde mir jetzt gut tun? Und so verbinde ich das Thema Regeneration mit dem Thema Achtsamkeit in einem Kapitel.

In diesem Kapitel erfahren Sie

o   Wie Sie entspannen und regenerieren können abseits der „gängigen" Methoden - wie zum Beispiel Autogenes Training oder progressive Muskelentspannung.
o   Wie Sie ganz einfach Achtsamkeit im Alltag etablieren können.

Ein Hauptmotto der Regeneration ist Abschalten. Damit meine ich nicht die Gedanken. Es geht darum, den Lärm um uns herum abzuschalten. Erst wenn es draußen ruhig ist, können wir in uns hinein hören.

Mit ersten Tipps dazu möchte ich beginnen.

4.1 Praktische Tipps zum Abschalten und Auftanken

Praxistipps: Alltagsübungen zum Abschalten

- Lassen Sie das Autoradio bewusst auf dem Weg zur Arbeit oder auch auf dem Weg nach Hause aus.

- Wenn Sie essen: Radio und Fernseher auslassen. Nehmen Sie stattdessen das Essen wahr. Konzentrieren Sie sich auf das, was auf dem Teller ist.

- Lassen Sie abends einmal den Fernseher aus. Mindestens einmal pro Woche.

- Lesen Sie einen Tag lang keine Zeitung, keine Werbezeitschriften. Verzichten Sie auf alle Medien.

- Wenn möglich (also bitte nicht beim Autofahren o.ä.) schließen Sie mehrmals am Tag die Augen für eine kurze Zeit, es reichen auch 10 Sekunden! Über die Augen nehmen wir sehr viele Reize auf. Eine visuelle Miniauszeit verbunden mit einem tiefen Luftholen ist als Minipause sehr erholsam.

- Den Computer auf Stand by lassen ist kein Abschalten. Deshalb: Schalten Sie abends bewusst Ihren Computer nach Ihrem Arbeitstag ab. Schließen Sie bewusst die verschiedenen Dateien.

- Schalten Sie abends Ihr geschäftliches Handy / Blackberry / iPhone aus und schalten Sie es erst morgens nach dem Frühstück, wenn Sie bereits im Arbeits-Outfit sind, wieder an.

- Gönnen Sie sich einen Ort in der Wohnung / im Haus, wo wirklich nicht gearbeitet wird. Das kann die Badewanne oder das Sofa sein.

- Definieren Sie eine Zeit pro Tag für sich selbst zum Abschalten. Teilen Sie Ihrem Umfeld mit, dass Sie nicht gestört werden möchten.

Achtsamkeit als Energiequelle

Abschalten, damit wir uns selbst gegenüber aufmerksam werden können. Damit wir achtsam sein können. Achtsam sein – was heißt das? John Kabat-Zinn, der die Methode der „achtsamkeitsbasierten Stressreduktion" begründet hat, sagt dazu:

> „Achtsamkeit beinhaltet, auf eine bestimmte Weise aufmerksam zu sein: bewusst, im gegenwärtigen Augenblick und ohne zu urteilen. ...
>
> Ich persönlich verstehe Achtsamkeit als die Kunst, bewusst zu leben. Man braucht weder Buddhist noch Yogi zu sein, um Achtsamkeit zu praktizieren. Das wichtigste überhaupt ist, man selbst zu sein und nicht zu versuchen, irgendetwas zu werden, das man nicht schon ist."[17]
>
> „Auch wenn es einfach sein mag, Achtsamkeit zu praktizieren, ist es doch nicht unbedingt leicht. Achtsamkeit erfordert Bemühung und Disziplin, weil die Kräfte, die unserer Achtsamkeit entgegenwirken – nämlich gewohnheitsmäßige Unaufmerksamkeit und unreflektierte Verhaltensmuster –, äußerst hartnäckig sind."[18]

Bei Achtsamkeit geht es darum, mehr im Jetzt zu sein anstatt in der Vergangenheit oder in der Zukunft. Wirklich im hier und jetzt zu sein und den Moment zu akzeptieren und wahrzunehmen. Sich auf den Moment einzulassen, ohne ihn auch zu bewerten. Eine Aufgabe zu erledigen, ohne sich über den Sinn Gedanken zu machen, sondern diese Aufgabe zu akzeptieren. Die Steuererklärung zu machen und sich darauf einzulassen, den Widerstand aufzugeben. Achtsamkeit ist das Gegenteil von Unachtsamkeit oder Achtlosigkeit. Wir können achtlos auf dem Bahnsteig hetzen, andere Menschen anrempeln, stolpern oder achtlos essen, indem wir nebenbei Nachrichten schauen, ein hitziges Gespräch führen oder am Computer arbeiten. So nehmen wir aber nicht wirklich wahr, was wir essen, ob es uns schmeckt und wann wir satt sind. Eine Geschichte von einem buddhistischen Mönch verdeutlicht den Unterschied:

---

[17] Jon Kabat-Zinn: Im Alltag Ruhe finden, Fischer Taschenbuch, Frankfurt am Main 2007, S. 18 ff.
[18] Eben da S. 21

Ein Mann wurde einmal gefragt, warum er trotz seiner vielen Beschäftigungen immer so glücklich sein könne.
Er sagte:
"Wenn ich stehe, dann stehe ich,
wenn ich gehe, dann gehe ich,
wenn ich sitze, dann sitze ich,
wenn ich esse, dann esse ich,
wenn ich liebe, dann liebe ich ..."
Dann fielen ihm die Fragesteller ins Wort und sagten:
"Das tun wir auch, aber was machst Du darüber hinaus?"
Er sagte wiederum:
"Wenn ich stehe, dann stehe ich,
wenn ich gehe, dann gehe ich,
wenn ich ... "
Wieder sagten die Leute:
"Aber das tun wir doch auch!"
Er aber sagte zu ihnen:
"Nein -
wenn ihr sitzt, dann steht ihr schon,
wenn ihr steht, dann lauft ihr schon,
wenn ihr lauft, dann seid ihr schon am Ziel."

Jon Kabat-Zinn vergleicht ein unachtsames Leben mit *"einer Alltagstrance ... wie vom Autopiloten gesteuert und steuerten nicht selbst"* und bezeichnet Achtsamkeit als *"das Gegengift zur Zerstreuung"*[19].

---

[19] Psychologie Heute August 2008

Praxistipps: Alltagsübungen zum Auftanken

- **Ohren anschalten**: Ziehen Sie sanft das äußere Ohr nach hinten außen und massieren Sie sanft die Ohren Punkt für Punkt von oben nach unten. Wiederholen Sie dies 3-5 Mal. Diese Übung aktiviert den gesamten Hörapparat, wir hören und verstehen besser. Ebenfalls unterstützt diese Übung die Konzentration und das Gedächtnis. Alle Organe erhalten Frische und Energie, da an den Ohren sehr viele Akupunktur-Punkte sind.

- **Schultern sacken lassen**: Setzen Sie aufrecht hin. Beim Einatmen ziehen Sie die Schultern so weit es angenehm ist nach oben. Beim Ausatmen lassen Sie die Schultern wieder fallen und atmen durch den Mund „hörbar" aus. Drei Wiederholungen. Löst Verspannungen im Schulter- und Nackenbereich. Durch die intensive Aus- und Einatmung wird der Körper belebt.

- **„Gorilla" - Thymusdrüse klopfen**: Diese Übung kann im Stehen oder Sitzen durchgeführt werden und eignet sich zwischen Terminen oder wann immer Sie neue Energie benötigen: Formen Sie mit einer Hand eine leichte Faust und klopfen Sie sich damit ca. 10mal auf das Brustbein. Wenn Sie möchten, öffnen Sie dabei den Mund und spielen „Gorilla". Aktiviert, erfrischt und stärkt das Immunsystem. Und sorgt im Großraumbüro für Aufsehen!

Von Robotern und Menschen – oder warum Regeneration so wichtig ist

Dass wir entspannen sollten, erscheint vielen als sinnvoll. Doch äußern viele die Angst vor dem totalen Erschlaffen, wenn sie erst einmal zur Ruhe kommen. „Ich habe Angst davor, dass mein Gummiband dann total schlapp ist und überhaupt nicht mehr angespannt werden kann, sondern dass ich dann wie ein platter Luftballon herumhänge."

Was ist die Lösung? Weitermachen bis das Gummiband reist? Auch das ist nicht attraktiv. Also ermutige ich zum Ausprobieren. Wir alle wissen doch, wie sich ein Montag nach einem erholsamen Wochenende anfühlt im Vergleich zu einem Montag nach einem durchgearbeiteten Wochenende. Im ersten Fall sind wir frischer und produktiver, im zweiten Fall eher wie „durch den Wolf gedreht."

Und, liebe Leser, warten Sie nicht darauf, dass Ihnen irgendjemand (Ihre Führungskraft) sagt, „gehen Sie doch mal früher nach Hause und arbeiten Sie mal weniger." Oft erlebe ich, wie wenig sich Leistungsträger und Führungskräfte Erholung gönnen und wie sehr sie eine Lizenz zum Entspannen benötigen. Anscheinend ist es noch sehr modern, ständig erreichbar zu sein und viel zu arbeiten. Früher als 18:00 Uhr nach Hause gehen – was denken dann die anderen? Geht Ihnen das auch so? Wie lange sollen wir arbeiten, damit es genug ist? Welches Bild haben Sie von Ihrer Funktion? Und was steckt dahinter?

Diese Aspekte möchte ich an dieser Stelle nicht vertiefen. Es sei nur so viel gesagt: Führungs- und Leistungskräfte brauchen Kraft. Und diese Kraft kann nur aus einer guten Regeneration kommen. Geben Sie sich selbst die Lizenz zum Entspannen. Weil Sie es sich wert sind. Weil Sie es verdient haben. Weil Sie fit für sich selbst und für die Firma sein möchten. Sie sind kein Roboter, in dem die Batterien ausgetauscht werden können. Und es geht auch um mehr, als den Kopf von einem Meeting zum nächsten zu tragen.

Sie sind kein Roboter, bei dem Ersatzteile und Batterien ausgetauscht werden können. Und Ihr Körper ist auch mehr als ein Transportmittel für Ihren Kopf von einem Meeting zum nächsten.[20]

---

[20] Sir Ken Robinson „profs look at their body as a kind of transport for their heads... it's a way of getting their head to meetings" www.ted.com

Vom Müssen zur Muße zur therapeutischen Langeweile

Es kommt nicht nur darauf an, sich das Wochenende von der Arbeit frei zu halten. Noch viel wichtiger ist, die Erholungszeit auch richtig zu nutzen. In Ihrer Freizeit sollten Sie für eine gute Erholungsqualität sorgen. So mag es sein, dass jemand ausreichend Zeit zur Erholung und Regeneration hat, aber gar nicht die Erholungsfähigkeiten besitzt. Umgekehrt gibt es Personen, die eine Erholungsfähigkeit besitzen, jedoch keine Erholungsmöglichkeiten haben (weil zum Beispiel ein Pflegefall in der Familie ist oder das neue Haus selbst gebaut wird).

Was ist nun aber eine gute Erholungsqualität? Die beste körperliche Erholung ist dann gegeben, wenn es uns so richtig langweilig ist. Eine meiner Lehrerinnen hat dies immer als „therapeutische Langeweile" bezeichnet.

Als Vorstufe dazu steht die Muße. Grundsätzlich empfehle ich in der Freizeit weg zu kommen von einem „Müssen" – ich muss trainieren, ich muss meine Freunde sehen, meine Eltern müsste ich auch mal wieder einladen....hin zur Muße, zur Stille, zur Langsamkeit. Sind wir da angekommen, ist es zur therapeutischen Langeweile nicht weit. Diese tritt ein, wenn ein Tag lang der Fernseher und das Radio ausbleibt, keine Zeitungen gelesen werden – so ein Gammeltag im Schlafanzug. Oft gestehen wir uns so einen Tag nur zu, wenn wir krank sind, wenn die Akkus total leer sind. Warum gönnen wir uns das nicht öfter? Vielleich weil es nicht In ist. Weil es bedeutet, in sich selbst hineinzuhören, sich mit sich selbst zu unterhalten. Das erfordert Mut: wer da wohl ist? Wer da wohl spricht? Langeweile erfordert Mut. Und macht glücklich.

Probieren Sie es aus, Sie werden es genießen!

4.2 Atmung: Achtsamkeit und Regeneration im Doppelpack

Die Atmung ist in vielerlei Hinsicht interessant und besonders wichtig für den Aspekt der Regeneration:[21]

1. Die Atmung ist die einzige Funktion im vegetativen (automatisch ablaufenden) Nervensystem, die wir bewusst beeinflussen können. „Der Atem ist der Schlüssel zur Entspannung."[22]

---

[21] Die Atmung ist eine Wissenschaft für sich. Es gibt zu diesem wichtigen Thema sehr viele Bücher und Ausführungen. Auf wissenschaftliche Details möchte ich an dieser Stelle zu Gunsten des Praxisbezugs verzichten.
[22] Kai Romhardt: Slow down your life. Econ. München. 2004, S. 65

2. Die Atmung ist unser direkter Draht zu unserem Nervensystem und zu unserem Geist. Eine tiefe, bewusste Ausatmung kann eine Stressreaktion unterbrechen, sie wirkt quasi wie eine Bremse von innen.
3. Die Atmung kommt und geht, so wie eine Belastung kommt und geht. Anhand der Atmung können wir lernen aufzunehmen und auch loszulassen.
4. Die Atmung ist ein Spiegelbild unserer Verfassung: „mir stockt der Atem", „der hat aber einen langen Atem" – diese und andere Sprichwörter sagen viel über unsere momentanen Gefühle aus, wir können einen direkten Zugang zum Geist herstellen.
5. Mit der Beobachtung der Atmung sind wir automatisch im hier und jetzt.

Praxistipps:
Einfache Atemübungen für Achtsamkeit und Energie

o Setzen Sie sich aufrecht und entspannt hin. Atmen Sie ein und aus. Schauen Sie neugierig auf den Punkt, wo die Einatmung zur Ausatmung wird.

o Atmen Sie doppelt so lange aus wie Sie einatmen. Denken Sie zum Beispiel beim Einatmen „ent- und beim Ausatmen „spannen". Dies hat einen sehr beruhigenden Effekt.

4.3 Guter Schlaf als Regenerationsquelle und Produktivitätsfaktor

50% der Arbeitnehmer schlafen schlecht und 10% der Arbeitnehmer leiden unter schweren Schlafstörungen[23]. Eine Nacht ohne Schlaf schmälert die Leistungsfähigkeit ungefähr so stark wie ein Promille Alkohol. Arbeitnehmer, die schlecht schlafen, fehlen doppelt so häufig und kosten Unternehmen dreimal so viel wie diejenigen, die einen erholsamen Schlaf haben. So steigt das Risiko, falsche Diagnosen zu stellen, bei jungen übermüdeten Ärzten um 454 Prozent. Und gerade bei sehr vielen Herausforderungen sagen mehr als 30% der Führungskräfte, dass sie schlechter schlafen und mehr als 60%

---

[23] DAK Report 2010

der Betroffenen sagen: meine Arbeitsproduktivität nimmt deutlich ab durch einen schlechten Schlaf. Die Aufmerksamkeit, Konzentration und Entscheidungsfähigkeit sinken.[24]

Warum ist Schlafen so wichtig? Ganz einfach erklärt: Im Schlaf wird der ganze Tag verarbeitet und verdaut. Auf körperlicher Ebene kommt es nachts zur sogenannten Gewebeverdauung. Das, was wir tagsüber gegessen haben, und was bereits im Magen und Darm zerkleinert und aufgeschlossen wurde, wird nun weiter für die Gewebe aufbereitet. Es kommt nachts zu einem Gewebeaufbau, zu einer körperlichen Regeneration. Des Weiteren werden die Eindrücke vom Tag verarbeitet. Beim Schlafen ist der aufbauende Teil des autonomen Nervensystems (der Parasympathikus) aktiv. Dieser Teil sorgt für die Verdauung und eine ruhige Atmung, Puls.

Praxistipps:
Alltagsübungen zum Abschalten nach Feierabend und für einen guten Schlaf.
Probieren Sie diese Tipps konsequent drei Wochen aus. Tritt keine Besserung der Schlafstörungen ein, wenden Sie sich bitte an einen Arzt.

o Trinken Sie tagsüber ausreichend Wasser. Wasser ist essentiell für die Hormonbildung, so auch für die Schlafhormone. Was genug ist, erfahren Sie im Kapitel N wie Nahrung. Als erster Richtwert: 2 Liter Wasser sollten es sein.

o Bauen Sie noch im Büro eine „Feierabend - Jetzt ist Arbeit vorbei" Ritual auf. Schreiben Sie auf, was Sie heute alles erledigt haben. Machen Sieeinen Haken daneben und loben Sie sich dafür. Offene Punkte notieren Sie schriftlich. Dann haben Sie diese „aus dem Kopf" – das entspannt.

o Dies ist dann auch Ihre persönliche Tagesschau. Überlegen Sie: wie würde jemand anderes über Ihren Tag berichten?

o Bereiten Sie sich ebenfalls noch im Büro auf den morgigen Tag vor und sammeln Sie Stichpunkte, zum Beispiel erste Ideen für Aufgaben.

---

[24] Harvard Business Manager, Heft 9/2009

- Machen Sie Ihren Lieblingssong an und räumen Sie Ihren Schreibtisch auf. Und wie schon erwähnt: Fahren Sie Ihren Computer herunter.

- Zuhause angekommen: Kleidungs- und dadurch Rollenwechsel. Schlüpfen Sie in Ihre Alltags-/Freizeitkleidung. Nach einem besonders hektischen oder anstrengenden Tag tut es vielen Menschen auch sehr gut, kurz zu duschen.

- Reduzieren Sie Ihren Alkoholkonsum oder verzichten Sie ganz darauf. Ein Bier oder Glas Wein hat zwar zunächst eine entspannende Wirkung. Aber: Alkohol entwässert und bildet freie Radikale, was beides Stress für den Körper bedeutet. Zur Beseitigung von freien Radikalen wird Melatonin (ein Schlafhormon) benötigt. Durch Alkohol wird weniger von diesem Schlafhormon gebildet. Ein Grund dafür, dass man nach einem Abend mit mehr Alkohol schlechter schläft.

- Wenn Sie abends die Hauptmahlzeit essen, gehen Sie nicht danach ins Bett, sondern warten Sie 2 Stunden.

- Fahren Sie eigenes mentales und körperliches Betriebssystem herunter. Wer abends um 20:00 Uhr mit „180" nach Hause kommt, braucht eine Weile und wird nicht um 22:00 Uhr schlafen können.

- Reduzieren Sie abends ab 18:00 Uhr die Reize um sich herum. Vermeiden Sie PC Arbeit am Abend. Der körperliche Biorhythmus ist zwischen 18:00 - 22:00 Uhr am Herunterfahren, genauso sollten Sie sich anpassen.

- Deshalb gehen Sie idealerweise um 22:00 / 22:30 Uhr ins Bett. Damit legen Sie einen Grundstein für einen tiefen Schlaf.

4.3 Regenerationstypen verstehen & typgerechte Empfehlungen

Nach den allgemeinen typübergreifenden Informationen geht es nun in die typischen Unterschiede.

Typgerechte, ausgleichende Empfehlungen

Schauen Sie sich die typischen Merkmale an und machen Sie Kreuze, wo Sie sich wieder erkennen. Dort wo die meisten Kreuze sind, sind die Empfehlungen für Sie am wichtigsten.

	Typisch	Ausgleichende Empfehlungen
Regenerationstyp „Bewegung"	o Viel unterwegs und auch viele private Termine, Verabredungen. o Viel mit Menschen zusammen. o Viel am Reisen. o Wechselhafter Tagesablauf. o Kann schwer alleine sein und braucht viel Kommunikation und viele Reize. o Wenig echte Ruhezeiten. o Energieabfall am späten Nachmittag. o Eher ein Nachtmensch bzw. abends sehr aktiv. o Fühlt sich morgens dann aber sehr müde.	o Ausgleich durch das Prinzip Ruhe und Erdung. o Starten Sie in den Tag mit 10 Minuten Ruhe und überlegen Sie „wie soll mein Tag verlaufen?" o Leichte sportliche Bewegung (z.B. Walken, Yoga, Golf), kein Leistungssport! o Mindestens 1 Abend pro Woche: keine Verabredungen, keine Termine und vor 22:00 Uhr ins Bett. o TV und PC-Arbeit am Abend / ab 18:00 Uhr reduzieren bzw. vermeiden. o Duschen und Baden am Abend, das beruhigt und erdet. o Etablieren Sie einen Tagesrhythmus, z.B. mit Essenszeiten, Kernarbeitszeit, Ruhephasen. o Bei Hektik: verlangsamen Sie Ihre Aktionen bewusst (z.B. beim Sprechen, Gehen).

Regenerationstyp „Umsetzung"	o Sehr ehrgeizige Tagesgestaltung, „Volldampf". o Möchte Zeit „nutzen" und möglichst viel abhaken. o Auch ehrgeizige, zielgerichtete und leistungsorientierte Freizeitgestaltung (Wettkämpfe). o Gönnt sich wenig Pausen.	o Ausgleich durch weniger Extreme und mehr Gelassenheit. o Bevor Sie nach Hause gehen, führen Sie sich vor Augen, was Sie heute alles erledigt haben. o Tägliche Bewegung zum Dampf ablassen ohne Leistungsdruck (z.B. Laufen, Radfahren). o Nehmen Sie aus Ihrer Freizeit den Druck heraus, bewusst weniger Termine machen. o Nehmen Sie sich einmal für einen Tag nichts vor und lassen sich treiben. o Achten Sie auf Ihren Energiehaushalt und nehmen Sie auch körperliche Grenzen wahr. o Gönnen Sie sich Pausen. o Eine tiefe Ausatmung ist für Sie besonders entspannend.
Regenerationstyp „Stabilität"	o Gute Einteilung der Energie. o Genuss steht im Vordergrund. o Sport wird eher aus Vernunftgründen „abnehmen" als aus einem Bedürfnis (Z.B. Kopf frei bekommen) gemacht. o Kein Problem, nichts zu tun.	o Ausgleich durch Bewegung. o Täglich 15 Minuten Bewegung zur Aktivierung des Stoffwechsels (Laufen, flotter Spaziergang). o Und: Gönnen Sie sich 30 Minuten Nichtstun pro Tag. o Suchen Sie sich Herausforderungen in Ihrer Freizeit.

Praxisbeispiel

Zum Thema „sportliche Regeneration" gibt es viele Meinungen. Auch hier ist die individuelle Konstitution entscheidend.

Herr Müller kommt in den Coachingtermin mit der Zielsetzung „Ich möchte mehr Energie haben, was kann ich tun?" Seine körperliche und mentale Konstitution ist stark vom Bewegungsprinzip geprägt. Der Stoffwechsel ist hoch, die Energiereserven sind durchschnittlich bis schwach. Große Energiereserven sind auf Basis seines Konstitutionstypus nicht da. Als Regeneration wird leichte Bewegung empfohlen, zum Beispiel ein flotter Spaziergang um den Block. Dies kommt seinem Bewegungsdrang nach, überlastet ihn aber nicht. Im Gespräch wird deutlich, dass der Kunde befürchtete, ich würde ihm drei Sporteinheiten pro Woche empfehlen („weil man ja überall liest, wie wichtig das ist"). Durch die Erklärung seiner Konstitution verstand er sich selbst viel besser. Darauf aufbauend entwickelte er eine Achtsamkeit für seinen Energiehaushalt.

Zum Abschluss dieses Kapitels möchte ich Sie wirklich ermutigen, Achtsamkeit in Ihr Leben zu bringen. Nicht acht Stunden am Tag. Sondern immer mal wieder ein Moment, eine Minute.

> *„… Achtsamkeit ist eine Fähigkeit, die wir alle besitzen und pflegen können… Doch wenn Achtsamkeit nur ein Konzept bleibt, hat sie wenig Nutzen für unser Leben. … Es kann Langeweile in Neugier wandeln, quälende Ruhelosigkeit in Gelassenheit und negative Einstellung in Dankbarkeit."*[25]

Nach diesem sehr mental orientiertem Kapitel geht es nun um etwas Greifbares, Unmittelbares: dem Essen. Wir kommen zum Kapitel N wie Nahrung, welches sich auch wunderbar mit dem Thema Achtsamkeit verbinden lässt. Denn wie oft essen wir nebenbei, am PC, beim Autofahren? Essen Sie Ihr nächstes Mittagessen oder Stück Schokolade achtsam. Betrachten Sie das Essen mit allen Sinnen. Nehmen Sie sich Zeit, die Mahlzeit zu betrachten und schmecken Sie sie wirklich.

---

[25] Jan Chozen Bays: Achtsam essen, Arbor Verlag, Freiamt 2009, S. 22f.

Mein Fazit / das nehme ich mit für meinen Strandkorb:

5. N wie NAHRUNG – Energie braucht Nahrung

„Energie braucht Nahrung" ist ein Werbespruch von COA – Asian Feelgoodfood und treffender ist es nicht zu beschreiben. Wenn wir über Stabilität, Abwehrkraft, Stressmanagement und Lebensqualität sprechen, kommen wir am Thema Essen und Nahrung nicht vorbei. Ich vermeide zunächst bewusst die Bezeichnung „Ernährung", denn die Assoziationen zu diesem Begriff stoßen viele Menschen ab bzw. denken Sie vielleicht auch sofort an „Gesunde Ernährung". Oder vielleicht „richtige Ernährung"? Häufig erlebe ich gerade bei Vorträgen, dass meine Zuhörer denken, ich möchte ihnen etwas wegnehmen und verbieten, wenn ich über Essen spreche. Ganz im Gegenteil!

Das Thema Essen ist mein Steckenpferd und eines meiner Lieblingsthemen. Essen ist Genuss und Lebensfreude. Und obwohl ich das Thema Ernährung studiert habe, sowohl aus westlicher Sicht („Oecotrophologie") als auch aus ganzheitlicher Sicht der traditionellen indischen Heilkunst Ayurveda, mache ich daraus keine große Wissenschaft. Mir ist wichtig, dass Sie den Spaß und die Freude am Essen wieder gewinnen. Betrachten Sie Essen und Lebensmittel als Ihre Energiequelle, als Ihren Freund und nicht als Ihren Feind und etwas Verbotenes.

Wie Sie auf den nächsten Seiten erfahren werden, geht es um die Korrektur der alltäglichen Basisernährung anstatt mit Zusatzstoffen die fehlende Basisernährung auszugleichen.

Das Thema „Gesunde, richtige Ernährung" ist bei vielen meiner Kunden das Thema mit dem größten Fragezeichen und den meisten Unsicherheiten. Und das Thema mit dem größten schlechten Gewissen. Zu diesem Themenkomplex gibt es sehr viel zu schreiben und zu sagen. In diesem Kapitel möchte ich mich jedoch auf folgende Themenkomplexe konzentrieren:[26]

o   Die Rolle der Nahrung für Energie und Stabilität im Strandkorb.
o   Die Optimierung des Stoffwechsels und die verschiedenen Stoffwechseltypen.
o   Typgerechte Empfehlungen für Energie durch Nahrung.
o   Richtig Wasser und Kaffee trinken.
o   Grundprinzipien beim Essen für mehr Energie.

---

[26] Mein Buch mit ausführlichen Informationen zum Themenkomplex „typgerechtes Essen, Genießen, ausgleichende Ernährung" ist in Arbeit und wird Anfang 2011 erscheinen.

5.1 Die Bedeutung der Nahrung für den Strandkorb

Im Tagesverlauf verbrauchen wir Energie: bei der Arbeit, beim Sport, beim Schlafen, und sogar beim Nichtstun. Für diese Arbeit benötigen wir Material, Brennstoff, damit am Ende Energie herauskommt. Diese Energie merken wir dann zum Beispiel in Form von warmen Händen und Füßen, Bewegung beim Sport, Konzentration beim Arbeiten. Im Stress erfolgt eine erhöhte Energiebereitstellung. Daraus folgt, dass wir gerade wenn wir viele Herausforderungen haben, viel Energie benötigen.

So wie ein Auto Benzin zum Fahren benötigt, so beziehen wir unseren Treibstoff aus der Nahrung. Gibt es heute für unsere Autos verschiedene Arten an Treibstoff (Diesel, Benzin, Gas) so gibt es auch für uns Menschen verschiedene Arten an Betankung. Und mit dem Treibstoff, mit der Art des Treibstoffs können wir unser inneres Klima beeinflussen. So gibt es Lebensmittel, die uns aufputschen und das Klima eher erhitzen. Und es gibt andere Lebensmittel, die unser inneres Klima abkühlen und beruhigen. Es gibt Nahrung, die uns Leichtigkeit schenkt und andere, die uns stabilisiert.

Ebenfalls können wir die Mahlzeiten als bewusste Strandkorb-Pause nutzen, uns voll auf das Essen konzentrieren. Wir können beim Essen Achtsamkeit üben und uns fragen: Wie sieht es aus? Wie schmeckt es? Wie geht es mir danach? Und wir können den Weg zum und vom Essen weg als bewusste Entschleunigung und Abstandnehmen vom Arbeiten betrachten. Unser Auto können wir auch nicht im Fahren betanken, sondern wir parken es. Selbst die Formel-1-Piloten machen einen Boxenstopp.

Unser Körper ist noch komplexer als ein Formel-1-Wagen. Neben einem Alltags-Tank haben wir noch einen Energietank, der uns von Geburt an angelegt ist (Reserve). Wir haben also zwei Energiespeicher. Den einen, unser Alltagstank, können wir durch eine günstige Ernährung und Lebensweise regelmäßig auftanken. Damit können wir Schwankungen ausgleichen. Gibt es Zeiten, in denen wir uns nicht um das Nachtanken kümmern bzw. die Qualität des Benzins schlecht ist, wird der Reservetank angezapft. Wir merken dies bei Belastungen und Zeiten, wo wir sagen „das geht jetzt an die Substanz". Je gefüllter Ihre Tanks mit gutem Benzin sind, umso mehr Energie und Stabilität werden Sie haben.

Und so wie es verschiedene Autos und Fahrzeuge mit unterschiedlichem Kraftstoffverbrauch gibt, so gibt es unterschiedliche Stoffwechseltypen. Der Bewegungstyp hat einen anderen Verbrauch und Bedarf als ein Stabilitätstyp. Man könnte auch sagen, dass wir unterschiedliche Verbrennungsmotoren haben.

Hauptzentrale für Energiegewinnung: unser individueller Verbrennungsmotor

Jeder von uns hat seinen eigenen typischen Verbrennungsmotor, seinen eigenen Stoffwechsel. In Bezug zur Nahrung hört nun dieser Stoffwechsel nicht mit dem Toilettengang auf, sondern fängt danach erst richtig an. Unseren Stoffwechsel möchte ich unterscheiden zwischen dem ersten und dem nachgelagerten, zweiten Verdauungsstoffwechsel. Den ersten Stoffwechsel kennen wir von den klassischen Verdauungsorganen: Mund, Speiseröhre, Magen, Dünndarm, Dickdarm, Enddarm, Ausscheidung. In diesem groben Stoffwechsel wird die Nahrung, die Tankfüllung zerkleinert und für den zweiten Stoffwechsel aufbereitet.

Im zweiten Stoffwechsel werden nun diese Bausteine in die verschiedenen Gewebe transportiert und weiter aufbereitet. So dauert es ca. 30 Tage, bis eine Pizza oder eine Karotte bis in eine Zelle des Fingernagels gelangt. An sich ist es selbstverständlich, dass wir aus dem gebaut sind, was wir essen. Trotzdem haben mich die Veranschaulichung des Stoffwechsels und die zeitlichen Abläufe sehr beeindruckt. Umso verrückter ist es doch, dass wir dem Essen zum Teil so wenig Wertschätzung entgegenbringen und es mal so nebenbei erledigen....

Wir können uns diesen Verbrennungsmotor auch vorstellen wie ein Feuer:

Unser Stoffwechsel ist unser Verbrennungsmotor

Wenn dieses Feuer gut brennt, funktioniert unser Stoffwechsel gut, wir haben viel Energie bzw. können aus der Nahrung die Energie heraus ziehen. Ist unser Stoffwechsel, unser inneres Feuer geschwächt, ist auch der Energiestoffwechsel geschwächt.

5.2 Optimalen Energiegewinnung durch Nahrung im Tagesverlauf

Im Gegensatz zu einem Auto, welches wir an- und ausschalten können, funktioniert der körperliche Verbrennungsmotor anders und hat seinen eigenen Rhythmus:

o Morgens zwischen 6:00 – 10:00 Uhr kommt der Motor so langsam in Gang, der Stoffwechsel ist in der Aufwärmphase.
➔ Der Hunger ist noch nicht so ausgeprägt, das Frühstück sollte leicht verdaulich sein.

o Zwischen 10:00 – 14:00 Uhr ist die Höchstphase des Stoffwechsels.
➔ Der Hunger nimmt zu, meist haben wir mittags am meisten Hunger, hier können wir am meisten verstoffwechseln.

o Von 14:00 – 18:00 Uhr ist der Stoffwechsel weniger aktiv, ab 18:00 Uhr beginnt die Ruhephase.
➔ Abends können wir manches nicht mehr so gut vertragen bzw. verstoffwechseln, das Abendessen sollte leichter verdaulich sein. Nun essen wir ja manchmal bzw. häufig abends unsere Hauptmahlzeit. Wichtig ist dann, dass Sie nicht direkt danach schlafen, sondern noch 2-3 Stunden wach sind. Denn wenn wir schlafen, liegt erst einmal die primäre Verdauung lahm..

o Ab 22:00 Uhr tritt dann der zweite Stoffwechsel in Gang, der Gewebestoffwechsel, jetzt wird das verdaut, was tagsüber gegessen wurde.
➔ Manchmal haben wir ab 22.00 Uhr noch einmal so richtig Hunger. Dann ist es vernünftiger nichts zu essen bzw. etwas leicht Verdauliches.

Wir können unsere Energiegewinnung unterstützen, in dem wir diesen natürlichen Rhythmus des Stoffwechsels beachten. Des Weiteren ist wichtig zu überlegen: Was gebe ich ins Feuer, damit es gut brennt? Vergleichen Sie dies wieder mit dem Bild vom Kaminfeuer. Was geben Sie rein, damit es Feuer fängt und damit es gut brennt? Leichtes Holz? Oder Steine? Was ist leichter brennbar? Ziel ist immer, dass die Energie gut genutzt wird. Vielen hilft dabei folgendes Bild:

Stellen Sie sich einen Topf auf einem Feuer vor. Ihr Stoffwechsel ist das Feuer unter diesem Topf. Das, was im Topf ist, können Sie am besten verstoffwechseln, wenn es warm und zerkocht ist. Ziel ist, das Herdfeuer optimal zu nutzen und den Inhalt möglichst schnell warm zu bekommen. Wie beim Spaghettikochen: es ist energieschonender, das

Nudelwasser im Wasserkocher vorzukochen und dann auf den Herd zu geben anstatt es nur auf dem Herd zu erwärmen.

Dieses Prinzip gilt auch für unsere Verdauung. Die folgenden Tipps sind allgemeiner Natur. Sie gelten für Sie sowohl wenn Sie insgesamt mehr Energie haben möchten als auch wenn Sie abnehmen möchten. Denn beim Abnehmen benötigen Sie ebenfalls einen guten Stoffwechsel. Diese Tipps sind sehr einfach und trotzdem sehr wirkungsvoll. Und Sie müssen bei diesen Tipps noch nichts an dem ändern, was Sie essen, sondern nur am wie.

Praxistipps:
Mehr Energie durch Nahrung – für alle Typen.

- **Essen Sie nur, wenn Sie auch wirklich Hunger haben und wenn die vorherige Mahlzeit verdaut ist.**
  Warum? ➔ Der Hunger ist ein gutes Signal dafür, dass unser Stoffwechsel funktioniert. Leider verlernen wir mit der Zeit darauf zu hören. Eine Mahlzeit sollte komplett verarbeitet werden im Magen, bevor Sie etwas „Neues" essen. Dann mischen sich verdaute und unverdaute Nahrung und der gesamte Brei wird wieder von vorne verdaut. Oder im Bild mit dem Topf zu bleiben: es kommt kaltes Wasser dazu und das ganze muss neu erhitzt werden. Das ist unökonomisch.

- **Vermeiden Sie „zwischendurch essen" und Naschereien.**
  Warum? ➔ Wie beim ersten Tipp schwächt ständiges Naschen (hier mal ein Konferenzkeks, dort mal ein Konferenzkeks) die Verbrennung.

- **Essen Sie in Ruhe und kauen Sie gründlich.**
  Warum? ➔ Unruhe, Stress und Ärger blockieren die Verdauung und machen alles schwer verdaulich. Eine entspannte Atmosphäre und gründliches Kauen machen es Ihrem Stoffwechsel leichter. Bleiben Sie nach dem Essen noch einen Moment sitzen, so dass die Verdauung in Ruhe anfangen kann.

- Lassen Sie ein wenig Platz im Magen frei. Verzichten Sie auf Nachschlag. Warum? ➔ Unser Magen braucht etwas Platz und Luft zum Arbeiten und verdauen, damit er im Sinne des Topfsymbols „nicht überkocht". Denn wenn es überkocht, kommen Essensreste in die Flamme, es wird dreckig und die Flamme geht aus bzw. es kostet sehr viel Energie. Verzichten Sie auf den Nachschlag. Auch wenn es schwerfällt glauben Sie mir: nach 20 Minuten tritt erst ein Sättigungseffekt ein.

5.3 Kraftstoff und Katalysator Nr. 1: Wasser

Nach diesen allgemeinen Informationen folgen nun ein paar konkrete Tipps. An allererster Stelle steht hier: Trinken Sie Wasser! Wasser ist wirklich ein wirksames Rund-um-sorglos Paket und Medizin.

Warum ist das so?

- Unser Körper besteht zu 75% aus Wasser und zu 25% aus festen Stoffen. Wasser ist sowohl Transportmittel, als auch Lösungsmittel, Wärmepuffer und Kühlmittel im Körper. Wasser ist der „Cash Flow des Körpers".[27]

- Wasser ist an nahezu jeder chemischen Reaktion im Körper beteiligt. Damit das gute Essen verstoffwechselt werden kann und in alle Zellen kommt, benötigen wir Wasser. Dementsprechend ist Wasser ein Nährstoff! Und erst wenn ausreichend Wasser vorhanden ist, ist vereinfacht gesagt auch genug Raum für die vielen chemischen Reaktionen vorhanden.

- Wasser wird für sämtliche Hormonbildungen benötigt: für die Stresshormone, für die Glückshormone, für die Entspannungshormone und auch für die Schlafhormone. Für alle, die mit Schlafproblemen zu tun haben: Trinken Sie mehr Wasser!

- Unser Gehirn besteht zu 85% aus Wasser. Das Gehirn reagiert äußerst empfindlich auf Wassermangel oder erste Anzeichen dafür. Die Konzentrations-Fähigkeit ist für das Gehirn eine enorme Energieanstrengung. Wasser verbessert die Konzentrationsfähigkeit!

- Heißhunger kann ein Anzeichen für Wassermangel sein. Denn wenn unser Gehirn einen Energiemangel hat, fehlt ihm meistens Wasser. Es kann aber nur sagen „ich

---

[27] Dieses Zitat und die weiteren Informationen stammen aus „Sie sind nicht krank, Sie sind durstig" von Dr. med. F. Batmanghelidj, ein großartiges Buch über Wasser.

habe Heißhunger auf Schokolade" – deshalb prüfen Sie bei der nächsten Schokoattacke, ob Sie schon genug getrunken haben.

o   Wasser klärt unseren Körper. Stellen Sie sich einmal vor, dass der Körper eine riesige Kläranlage ist und sich von den Abfallstoffen befreien möchte. Machen Sie es ihm einfach und geben Sie ihm ausreichend Wasser.

o   ... oder spricht Sie eher der Vergleich an, dass Ihre Organe wie Goldfische im Aquarium sind und diese frisches Wasser zum Leben benötigen?

Unterstützen Sie Ihre Organe und dadurch Ihren Stoffwechsel mit frischem Wasser!

Praxistipps: Richtig Wasser trinken

- Was ist genug Wasser? Die Standardempfehlung ist 30 ml Wasser pro kg Körpergewicht. Das Minimum sollten zwei Liter pro Tag sein. Probieren Sie es aus. Sie werden den positiven Effekt merken (und öfter eine (WC-)Pause machen, das tut Ihnen auch gut). Wenn Sie Sport machen, trinken Sie mehr. Und achten Sie ebenfalls auf ausreichend Salzzufuhr. Denn Wasser kommt nur in die Zellen, wenn auch ausreichend Salz im Körper für die Kalium-Natrium-Pumpe vorhanden ist.

- Als Wasser zählt nur Wasser. Nicht dazu zählen Tee, Kaffee, Fruchtschorlen, sonstige alkoholfreie oder alkoholische Getränke – das sind alles angereicherte Wasser, die vom Körper wiederum verstoffwechselt werden müssen.

- Trinken Sie Wasser regelmäßig und kontinuierlich über den Tag verteilt; zu den Mahlzeiten wenig trinken. Das verdünnt die Verdauungssäfte und erschwert die Verdauung / Verbrennung.

- Mit oder ohne Blubb? Erst einmal ist wichtig, dass Sie überhaupt Wasser trinken. An zweiter Stelle empfehle ich stilles Wasser, gerade für die Kunden, die Probleme mit Übersäuerung, z.B. Sodbrennen oder Hautprobleme, haben. Denn in Kohlen-Säure ist Säure enthalten.

- Für Fortgeschrittene und ganz Mutige: Probieren Sie einmal Tee ohne Tee als Tee-/Kaffee-Ersatz. Richtig, das ist warmes Wasser. Das wird sehr leicht verstoffwechselt vom Körper, hilft beim täglichen Entgiften und Entsäuern. Nehmen Sie einfach mal eine Thermoskanne mit ins Büro oder auf die Zugfahrt.

5.4 Kaffee?!

Kaffee ist wunderbar und keine Angst, ich werde Ihnen nicht das Kaffeetrinken verbieten. Kaffee im richtigen Maß kann unsere Energie und Konzentration steigern. Trinken wir zu viel Kaffee, ist er jedoch ein Stressfaktor:[28]

o   Kaffee führt zur Freisetzung von Adrenalin, einem aktivierenden Hormon. Dadurch kann Kaffee in Maßen genossen zu einer Erhöhung der Konzentration führen. Die erste Tasse wirkt am stärksten, ca. 30 Minuten nach dem Trinken. Kaffee sollte bewusst vor den Leistungshochs genossen werden.

o   Das Koffein bindet sich an spezifische Rezeptoren: Eine einzige Tasse Kaffee enthält bereits so viel Koffein, dass die meisten dieser Rezeptoren besetzt sind. Das heißt die nächsten Tassen bewirken viel weniger als die erste Tasse. Aber: das Koffein bleibt trotzdem im Blut, sprich unser inneres Klima wird unnötig angeheizt, bewegt und gereizt. Kaffee erhöht deshalb künstlich das Aktivitätsniveau.

o   Die Halbwertszeit von Koffein ist bei den meisten Menschen 6 Stunden. Nach 6 Stunden sind wieder 50% der Koffeinrezeptoren frei. Es spricht also nichts dagegen, morgens und nachmittags eine Tasse Kaffee zu trinken.

o   Interessant I: Koffein blockiert die Bildung von dem Schlafhormon Melatonin im Gehirn, diese Wirkung hält etwa 6 – 9 Stunden an. Melatonin ist wichtig zum Einschlafen und für die Regulierung der Körperfunktionen während des Schlafes. Wer also Einschlaf- und Durchschlafprobleme hat, sollte ab 15:00 Uhr keinen Kaffee mehr trinken.

o   Interessant II: Die Energiezellen des Gehirns werden durch Koffein angegriffen. Die Kontrollschwelle der Gehirnzellen sinkt. Das bedeutet, dass die Zellen zu viel Energie abgeben, die eigene Leistungsgrenze wird nicht wahrgenommen. Viele Stoffwechsel-Prozesse werden dadurch in Gang gesetzt, die nicht benötigt werden. Das kostet Energie, die uns bei konzentrierter Arbeit fehlt.

---

[28] Inhalte entnommen aus: Dr. med. Batmanghelidj: Sie sind nicht krank, Sie sind durstig, VAK Freiburg 2006, S. 162 f. und Verena Steiner: Energy - Energiekompetenz, Knaur München 2007, S. 37 f.

5.5 Stoffwechseltypen verstehen & typgerechte Empfehlungen

Wie Sie vielleicht schon vermuten, ist es ein Unterschied von Mensch zu Mensch, wie ein Lebensmittel verstoffwechselt wird. Steht in der westlichen Ernährungswissenschaft das Lebensmittel im Vordergrund („Wie viele Vitamine stecken in einer Karotte?") steht in der ganzheitlichen Ernährung und der Sichtweise im Ayurveda der Mensch mit seinem Stoffwechsel und auch mentalen Bedürfnissen im Vordergrund. Die Frage ist dann eher „was braucht der Mensch und wie kann er die Karotte am besten verdauen?". Denn was nützen die Vitamine in einer rohen Karotte, wenn die Verdauung zu schwach ist, diese Vitamine aufzuspalten. Dann sollen lieber ein paar Vitamine beim Kochen verdunsten, aber die, die noch enthalten sind, kommen auch dort im Körper an, wo sie gebraucht werden.

Wir sind das, was wir verdauen, nicht das, was wir essen.

Damit unterstütze ich sicherlich eine Ernährungsweise, die entgegen dem Trend der hiesigen Ernährungswissenschaft ist. Jede Woche gibt es neue Erkenntnisse und Studien, was nun gerade wirksam gegen oder für Bauchfett, Cholesterin, Diabetes etc. ist. Was folgt sind verunsicherte Menschen, die mehr und mehr den Spaß am Essen verlieren. Im aktuellen ZEIT Wissen Ratgeber Ernährung Nr. 1 2009 gibt es dazu interessante Artikel, wobei ich Ihnen folgende Kernaussagen daraus mitgeben möchte:

- *„Die Flut von Tipps ist überwältigend – und voller Widersprüche."*
- *"Keine andere Wissenschaft ist so wechselhaft wie die vom Essen und Trinken."*
- *„Nur wenige Ernährungsempfehlungen sind belegt. Selbst die Warnungen vor zu viel Fett und Salz im Essen sind nicht gut begründet. Und auch der positive Effekt von viel Obst und Gemüse ist wahrscheinlich nicht groß. Der Grund ... ist oft die mangelnde Qualität der Studien, die in der Ernährungsforschung gemacht werden. Ernährungsvorschriften sollte man also immer mit Skepsis begegnen."*
- Jung ist die Wissenschaft der ‚Nutrigenomik'. Die Hauptaussage der Nutrigenomik ist, dass unsere Gene bestimmen, welches Essen wir am besten verdauen. *„Je nach genetischer Ausstattung unterscheidet sich die Wirkung von Nährstoffen"* und *„Wenn wir mit der traditionellen Vorstellung brechen, dass eine bestimmte Ernährungsform für alle Menschen die richtige ist, könnte uns das zum ersehnten heiligen Gral bringen."*

Diese Aussagen bestärken mich, Ihnen das Konzept der verschiedenen Stoffwechseltypen und der ausgleichenden Ernährung zu veranschaulichen.

Nun haben Sie bereits die Best-Off-Tipps zur Nahrungsaufnahme gelesen. Jetzt kommt das Spezialwissen, auf das Sie bestimmt schon ganz gespannt sind. Welcher Stoffwechseltyp sind Sie? Warum können manche Menschen sehr viel essen und nehmen nicht zu und die anderen werden schon vom Anschauen dick? Hier kommt ein Erklärungsansatz.

Wir alle haben einen inneren Verbrennungsmotor. Das ist unsere Verdauung und unser Stoffwechsel. Dieser ist zum Einen in der Grundkonstitution genetisch angelegt. Zum Anderen wird der Stoffwechsel durch äußere Faktoren, wie zum Beispiel die Lebensweise, Stress, die Wahl der Lebensmittel beeinflusst.

Menschen mit sehr viel Umsetzungsenergie haben ein sehr starkes Feuer. Verglichen mit einem Auto sind Sie der Ferrari und benötigen sehr viel Benzin. Der Motor ist sehr robust. Doch der Ferrari muss allerspätestens um 12:30 Uhr in den Mittagsboxenstop. Menschen mit viel Stabilitätsenergie sind vergleichbar mit einem Diesel-Kombi. Sie brauchen nicht so viel Treibstoff, fahren aber sehr zuverlässig. Ein Boxenstopp kann auch einmal ausfallen und wenn sie „tanken" benötigen sie weniger Kraftstoff als ein Ferrari. Menschen mit viel Bewegungsenergie lassen sich mit einem kleinen smart vergleichen. Der Tank ist klein, der Verbrauch ist klein und der Wagen ist bei stürmischem Wetter anfälliger als die anderen beiden. Die Verdauung ist anfällig.

Weitere typische Merkmale und ausgleichende Empfehlungen finden Sie in der nächsten Tabelle.

Typgerechte, ausgleichende Empfehlungen

Schauen Sie sich die typischen Merkmale an und machen Sie Kreuze, wo Sie sich wieder erkennen. Dort wo die meisten Kreuze sind, sind die Empfehlungen für Sie am wichtigsten.

Typisch	Ausgleichende Empfehlungen
Stoffwechseltyp „Bewegung"	
o Wechselhafte und sehr anfällige, empfindliche Verdauung bei Stress, Reisen. o Neigt zu Blähungen und / oder Verstopfung. o Mal sehr viel Hunger, dann auch wieder wenig. o Vergisst Essen und Trinken. o Friert schneller als andere. o Oft kalte Hände und / oder Füße. o Brüchige Nägel, trockene Haut.	⇨ Warme und regelmäßige Mahlzeiten. ⇨ Frische, selbst gekochte Mahlzeiten. ⇨ 3-5 Mahlzeiten pro Tag. Bevorzugen: o Warme Speisen und Getränke. o Möglichst mittags die Hauptmahlzeit. o Suppen, Eintöpfe. o Nudeln / Kartoffeln mit Gemüse-Soßen, Gemüse-Sahne-Soßen. o Süße Gemüse wie zum Beispiel Kartoffeln, Karotten, Kürbis, Fenchel, rote Beete. o Gerne Soßen mit Sahne. o Nachmittags Snack, zum Beispiel ein Stück Kuchen. o Brot immer toasten. o Fencheltee. Reduzieren: o Rohkost und rohes Obst. o Schwer verdauliche Nahrung, wie zum Beispiel trockenes Brot Vollkornbrot, Müsli, Rohkost, rohes Obst. o Fasten, Hungerphase.n

Stoffwechseltyp „Umsetzung"

- Immer Hunger, vor allen Dingen mittags, fängt schon um 10:30 / 11:00 Uhr an und steigert sich bis 12:30 Uhr.
- Ist viel und muss regelmäßig essen.
- Verdauung funktioniert gut, keine Probleme, sehr robust.
- Ist eher zu warm als zu kalt, friert sehr selten.
- Schwitzt schnell und viel.
- Eher rote Haut, gut durchblutet.
- Neigt eher zu Durchfall bei Stress.

⇨ Mittags Hauptmahlzeit!
⇨ 3-5 Mahlzeiten pro Tag.

Bevorzugen:
- Vormittags Obst als Snack, wenn der erste Hunger kommt (meist 10:30 / 11:00 Uhr).
- Mittags Hauptmahlzeit einnehmen – möglichst warm, Salat als Beilage ist in Ordnung.
- Getreidegerichte.
- Kartoffeln.
- Grüne Gemüse, wie zum Beispiel Zucchini, Brokkoli, Spinat, Avocado.
- Bittere Gemüse und Salatbeilage wie z.B. Raddicchio- oder Rucola-Salat.
- Fenchel- und Kräutertee.

Reduzieren:
- Sehr scharfes und salziges Essen, z.B. Chili con Carne, Pasta Arrabiata.
- Kaffee.
- Alkohol.
- Säurehaltige Speisen.
- Zitrusfrüchte.
- Orangensaft.
- Wasser mit Kohlensäure.

Stoffwechseltyp „Stabilität"	
o Wenig aber konstant Hunger. o Schwacher Stoffwechsel. o Neigt zu wenig Stuhlgang. o Neigung zu Gewichtszunahme. o Ist eher kalt, neigt zu kalten Händen und Füßen.	⇨ Nur essen wenn wirklich hungrig (Frühstück kann ausfallen). ⇨ Maximal drei Mahlzeiten am Tag. ⇨ Trennung von Kohlenhydraten und Eiweißen. Bevorzugen: o Warme Speisen und Getränke. o Möglichst mittags die Hauptmahlzeit. o Suppen, Eintöpfe. o Nudeln / Kartoffeln mit Gemüse-Soßen. o Leichte Gemüse wie zum Beispiel Paprika, Zucchini, Möhren, Auberginen. o Schärfe ins Essen bringen. o Brot immer toasten. o Fencheltee. o Ingwerwasser: heißes Wasser mit frischen Ingwerscheibchen vor dem Essen regt die Verdauung an. Reduzieren: o Zwischenmahlzeiten, Naschereien. o Rohkost und rohes Obst. o Schwer verdauliche Nahrung, wie zum Beispiel trockenes Brot /Brötchen, Vollkornbrot, Müsli, Trockenobst, Rohkost, rohes Obst. o Käse. o Sahne. o Milch. o Joghurt. o Rohkost und rohes Obst.

Die Tabelle zeigt die einfachsten und wichtigsten Empfehlungen auf. Es gibt keine Verbote. Mit der Einhaltung dieser Basisempfehlungen können Sie Ihr Wohlbefinden deutlich steigern, ohne komplizierte Zusatzstoffe oder funktionale Nahrung.

Wie oft essen?

Dies hängt von Ihrem Stoffwechseltyp ab. Menschen mit einem hohen Stoffwechsel ist es nicht zuträglich, sich konsequent auf drei Mahlzeiten zu beschränken. Im Gegenteil, ein zu großes Hungergefühl ist dann eher Stress für den Körper. Wohingegen Menschen mit viel „Stabilität" auch prima mit zwei Mahlzeiten auskommen.

Achten Sie grundsätzlich darauf, dass Sie genug trinken und dass Sie nur essen, wenn Sie wirklich Hunger habe und die vorherige Mahlzeit verdaut ist – der Rest regelt sich von alleine.

5.6 Ausgleichende Ernährung bei Stress für alle Typen

Jedes Lebensmittel, jedes Gewürz hat eine Wirkung im Körper als auch auf unseren Geist. Durch den geschickten Einsatz von Nahrungsmitteln können wir das Klima in unserem Körper beeinflussen und damit das Fundament für Stress, Hektik oder aber Konzentration und Stabilität legen. Wenn wir innerlich schon gereizt und nervös sind, weil zum Beispiel sehr viel Koffein im Blut ist, dann sind wir leichter empfänglich für Reizungen von Außen. Ist unser Milieu dagegen ausgeglichen, brauchen wir mehr Reize von außen, um gereizt zu sein. Oder sehr banal ausgedrückt: wenn es bereits kalt ist von Innen, steht uns der Sinn mehr nach etwas Warmen als nach einem Eis. Und umgekehrt.

Da unsere Zeit nun einmal von Hektik, Stress und viel Bewegung geprägt ist, ist die Herausforderung mit der Ernährung dagegen zu wirken. Dabei ist das oberste Prinzip die Säure und Schärfe in unserer Nahrung zu reduzieren und die Mahlzeiten möglichst leicht verdaulich zu gestalten.

Das bedeutet:

Reduzieren Sie	Bevorzugen Sie
o Zitrusfrüchte o Orangensaft o Tomaten o Zuckerersatz / -Austauschstoffe o Einfachzucker (Weißmehl, Zucker, Kekse) o Chilli o Scharfe Speisen o Rotes Fleisch o Kaffee, schwarzer Tee o Alkohol o Knabbereien o Zwischenmahlzeiten / Naschen o Käse o Saure Sahne o Joghurt o Kohlensäure (in Wasser, Softdrinks)	o viel Wasser trinken o warm essen o grüne Gemüse o Brokkoli o Spinat, Mangold o Zucchini o Rucula o Radicchio o Kürbis o Karotten o Spargel o Fenchel o Rote Beete o Pastinaken o Kartoffeln o Pilze o Hülsenfrüchte o Avocado o süße Früchte o Frischkäse / Hüttenkäse / Feta o Geflügelfleisch o Eier o Fenchelsamen kauen, Fencheltee o Gewürze: Koriander, Kurkuma, Safran, Muskat, Ingwer zum Kochen verwenden

5.7 Leichter und schwerer verdauliches Essen

Was ist leicht verdaulich und was ist schwer verdaulich? Als Faustregel können Sie sich folgende Stichpunkte merken (und das weiter vorne skizzierte Bild vom Topf auf dem Herd im Kopf haben):

o   Soßig und suppig ist leichter verdaulich als trocken und hart.
o   Warm ist leichter verdaulich als kalt.[29]
o   Je einfacher eine Mahlzeit zusammengesetzt ist, umso leichter ist sie verdaulich.

Daraus folgt:

o   Eine Gemüsesuppe ist leichter verdaulich als gedünstetes Gemüse, gedünstetes Gemüse ist leichter verdaulich als Salat.
o   Gedünstetes Obst ist leichter verdaulich als rohes Obst.
o   Ein Brunch mit „allem möglichen" ist schwerer verdaulich als ein Vollkorntoast mit Honig.
o   Pasta mit Gemüsesoße ist leichter verdaulich als eine Pizza.

Nun gibt es noch ein paar Extra-Regeln, die einfach sind und sich lohnen:

o   Obst wird sehr schnell verdaut. Es sollte so gegessen werden, dass nichts anderes im Magen ist und das Obst auch alleine im Magen verdaut werden kann. Sprich: Obst immer separat zu anderen Nahrungsmitteln essen. Ideal ist Obst als Zwischenmahlzeit am Vormittag für die Umsetzungstypen. Der klassische Obstsalat nach einem Familienessen ist nicht zuträglich: Obst hat eine kurze Verweil-/Verdauungszeit. Zusammen mit anderen Nahrungsmitteln kann es zu Gärungen, Blähungen und / oder dem Gefühl „das liegt mir schwer im Magen" kommen.
o   Ähnlich dazu verhält es sich mit der Milch. Wer Verdauungsprobleme hat und gerne nach dem Essen einen Cappuccino oder Milchkaffee trinkt, sollte eine Zeitlang auf schwarzen Kaffee oder Espresso umsteigen. Die Kombination von Milch und sauren Früchten und Bananen wird in den alten Schriften als sehr ungünstig angesehen.
o   Kombinieren Sie möglichst keine Eiweiße untereinander, das ist extrem schwer verdaulich. Essen Sie also entweder Fisch oder Fleisch oder Käse oder Ei, aber nicht alles zusammen auf's Brötchen, zu Kartoffeln, etc.

---

[29] Wie kann das im Büro gehen? Bitte meiden Sie die Mikrowelle. Die Lebensmittel sind nach einem Mikrowellenbesuch keine Lebensmittel mehr. Die Nährwerte sind durch die Strahlung verloren gegangen. Das Basisprogramm für ein warmes Essen ist ein warmes Getränk, z.B. eine Brühe oder ein Tee zu einem kalten Brot.

- Wer eine anfällige und schwache Verdauung hat, sollte einmal ausprobieren, Kohlenhydrate nicht mit tierischen Eiweißen zu kombinieren. Sehr einfach formuliert gibt es also entweder Kartoffeln/Nudeln/Reis mit Gemüse/Salat oder es gibt Fleisch/Fisch mit Gemüse/Salat.
- Wer morgens schwer aus dem Bett kommt, sollte einmal ausprobieren, abends auf Wurst und besonders auch Käse zu verzichten. Tierische Eiweiße sind abends/nachts besonders schwer zu verdauen und kosten viel Energie … Wenn Sie also am nächsten morgen einmal richtig schön müde sein möchten, essen Sie am Abend vorher eine Pizza 4-Jahreszeiten oder ein Moussaka… Was können Sie tun, wenn es dann einmal so ist und Sie haben abends schwer gegessen? Dann trinken Sie am nächsten Morgen viel heißes Wasser mit frischem Ingwer, das kurbelt den Stoffwechsel an. Achten Sie besonders darauf, leicht verdaulich zu essen und trinken Sie viel Wasser den ganzen Tag über. Dann geht diese Art von Essens-Kater schneller vorbei.

Praxisbeispiel

Frau Kunze legt seit Jahren sehr viel Wert auf „gesunde Ernährung". Wegen einer chronischen Verstopfung ist sie bei einer Heilpraktikerin in Behandlung und erhält Darmspülungen. Erste Besserungen machen sich bemerkbar. Sie möchte im Coaching Tipps für Ihre Ernährung erhalten und dadurch den Prozess unterstützen. Als Vorbereitung bitte ich sie, ein Ernährungsprotokoll zu führen.

In der Konstitution sind alle drei Prinzipien sichtbar, das Bewegungsprinzip ist dominant: zarter Körperbau, schmales Gesicht und ein sehr offenes kommunikatives Wesen. Die Symptome (Verstopfung, Blähungen) sind eindeutig einem unausgeglichenen Bewegungsprinzip zuzuordnen. Aus dem Ernährungsprotokoll geht hervor, dass Vollkornbrot, frisches Obst, Salat und Rohkost die Hauptbausteine ihrer Ernährung sind. Die Haupteigenschaften dieser Ernährung sind vor allen Dingen kalt, trocken und rau. Dies sind ebenfalls die Eigenschaften des Bewegungsprinzips. Nach dem Prinzip „Gleiches erhöht Gleiches" sind die Verstopfungen und Blähungen logisch. Frau Kunze ist sehr offen für die ganzheitliche Sichtweise der Ernährung und so erkläre ich ihr die grundlegenden Prinzipien für ihre persönliche ausgleichende Nahrung. Nach dem Prinzip „Ungleiches reduziert Gleiches" sind die Hauptempfehlungen „warm und weich". Warme Getränke, insbesondere warmes Wasser, gedünstetes, warmes Obst als Frühstück oder ein Vollkorntoast mit Honig, mindestens eine weitere warme Mahlzeit am Tag, getoastetes Mischbrot statt Korn-an-Korn Brot, kein Cappuccino nach dem Essen, Vermeidung von frischem Obst, Salaten und rohem Gemüse sind die Hauptempfehlungen. „Das ist ja genau das Gegenteil von all dem, was ich bisher gemacht habe und was als „nicht gesund" propagiert wird" ist die Reaktion. Frau Kunze setzt die Empfehlungen sofort und konsequent um. Bereits nach wenigen Tagen ist eine spürbare Verbesserung eingetreten. Im kurz danach angetretenen Urlaub blieb die bisherige Reiseverstopfung aus.

Frau Keiser klagt über Kopfschmerzen, Schlafstörungen, Konzentrations- und Energiemangel. Gerade an Tagen voller Termine sind die Symptome besonders ausgeprägt. Wie die meistern meiner Kunden trinkt auch sie zu wenig Wasser, gerade mal ein halber Liter. Die erste Hausaufgabe besteht für sie darin, den Wasserverbrauch deutlich zu erhöhen. Erster Meilenstein ist ein Liter, der dann auf 1,5 Liter erhöht wird. Gleichzeitig ist diese Maßnahme eine Erhöhung der Achtsamkeit und der eigenen Wertschätzung „ich trinke bewusst Wasser für mich". Der Einsatz wird belohnt: Die Kopfschmerzen nehmen deutlich ab. Dadurch hat Frau Kaiser mehr Energie und kann sich auch bei anstrengenden Tagen besser konzentrieren.

Fazit

Es geht nicht um großartige Umstellungen, sondern um einfache Dinge und die Wertschätzung des Essens. Mir geht es eher darum, die Basisernährung wieder besser zu machen, anstatt sich mit Zusätzen vollzustopfen. Nehmen Sie sich Zeit zum Essen, Kauen und Genießen und hören Sie auf Ihren Bauch. Worauf habe ich jetzt Appetit? Wonach ist mir? Unser Bauch weiß meistens am besten, was gut für uns ist. Nur sind wir manchmal verunsichert durch die vielen Informationen und schenken diesen Informationen viel mehr Beachtung, als unserem Bauchgefühl. Darum geht es nun auch im nächsten Kapitel.

Mein Fazit / das nehme ich mit für meinen Strandkorb:

6. D wie DENKEN – mentale Typen

Nachdem Sie nun erfahren haben, wie Sie sich mit Nahrung erhitzen oder auch beruhigen können, geht es jetzt darum, was zwischen unseren Ohren passiert. Wie können wir unseren inneren Film, unser eigenes Kopfkino so steuern, dass es uns hilft, unsere Ziele zu erreichen, stabiler zu sein? Inhalte dieses Kapitels sind

o Wie funktioniert unser Denkapparat und wie können wir ihn für uns zuträglich einsetzen.
o Hilfs-Techniken bei zu viel Grübeleien
o Typische Denker – entdecken Sie Ihren inneren Mentaltyp

6.1 Gedanken an die Leine nehmen

Im Einführungskapitel haben Sie erfahren, dass es wichtig ist, die Kontrolle über eine Situation zu erhalten. Wenn wir spüren, dass wir eine Situation kontrollieren können, gibt uns das ein gutes Gefühl und entspannt uns. Gibt uns Sicherheit. Unser Strandkorb gerät ins Wanken, wenn wir denken, wir haben keine Kontrolle, alles stürzt über uns herein. Dabei können wir selbst in aussichtslosen Situationen entscheiden, wie wir auf diese Situation reagieren: Machen wir uns verrückt oder entscheiden wir uns bewusst dafür, ruhig bzw. ruhiger zu bleiben? Wie sagt Reinhard Sprenger in seinem Bestseller „Die Entscheidung liegt bei Dir."[30] Dieser Satz ist sehr wirkungsvoll. Es liegt an uns, wie wir eine Situation bewerten und was wir daraus machen.

In der ayurvedischen Philosophie wird das Bild der Kutsche verwendet, um die Funktionsweise des Geistes zu erklären:

o Unser Körper ist die Kutsche, die uns trägt und transportiert.
o Der Kutscher ist unser Geist, also alles zwischen den Ohren.
o Die Pferde stehen symbolisch für unsere Sinnesorgane – die Augen, Ohren, die Haut, die Zunge sowie die Nase.
o Und die Zügel letztendlich stellen unsere Intelligenz dar und die Fähigkeit, unsere Sinne und Gedanken zu steuern.

---

[30] Reinhard K. Sprenger: Die Entscheidung liegt bei Dir – Wege aus der alltäglichen Unzufriedenheit, Campus Frankfurt am Main, 1997

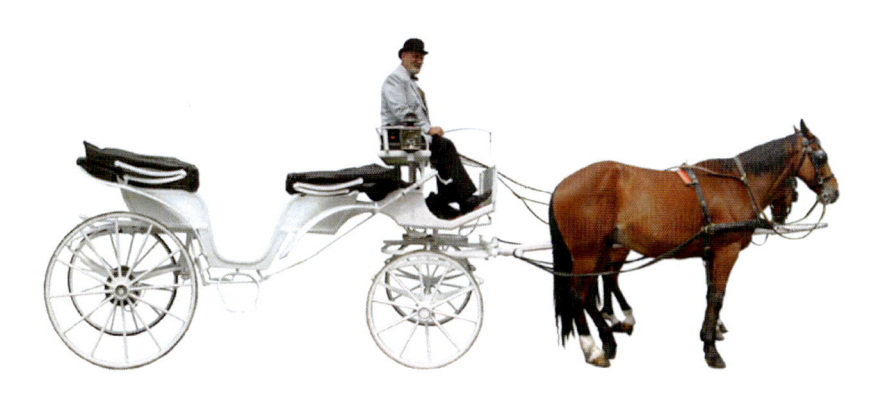

Wie ist Ihre Kutsche aufgestellt?

Dieses Bild verdeutlicht auch sehr schön den Zusammenhang zwischen der körperlichen, der geistige Verfassung und auch der Zielsetzung. Wenn wir körperlich angeschlagen sind, die Räder der Kutsche kaputt sind, haben es die Pferde sehr schwer. Und es ist sehr hilfreich, wenn der Kutscher weiß, wo er hinmöchte. Dann kann er die Pferde durch seine Zügel steuern. Entscheidend ist für eine schöne Kutschfahrt, dass

- Sie wissen, wohin Sie reisen möchten (siehe Kapitel T wie TUN)
- Sie eine gute körperliche Verfassung haben, damit der Kutscher gut sitzen kann und die Kutsche leicht fahren kann (siehe Kapitel R wie REGENERATION und N wie NAHRUNG) und am mit entscheidensten ist, dass
- Sie die Zügel in der Hand haben und diese auch fest sind. Dann können Sie die Zügel flexibel und zielgerichtet einsetzen. Auch das hat mit einer guten Energie zu tun. Denn wenn Sie keine Kraft in den Armen haben, werden Sie die Pferde nicht halten können.
- Umgekehrt gilt auch, wenn die Sinne, die Pferde ruhig sind, lässt sich die Kutsche leichter fahren und steuern. Der Kutscher und die Kutsche werden weniger beansprucht. Die Pferde können zum Einen durch Abschalten (siehe Regeneration und Achtsamkeit) und zum Anderen durch Nahrung beruhigt werden.

Gerne vergleiche ich den Kutscher mit einem inneren Strandkorb, einem inneren Schutzwall. Der innere Strandkorb bzw. Kutscher entscheidet, wo es lang geht, wie schnell es voran geht, wann wir eine Pause benötigen und wann wir auch einmal losgaloppieren können. Neben einem guten Verstand sollte der Kutscher auch ein gutes Bauchgefühl haben und seine Erfahrung mit einbeziehen. Wir kennen diesen inneren Strandkorb auch als innere Stimme oder Bauchgefühl, Intuition. Diese Stimme, bzw.

dieses Stimmchen ist nicht rational oder linear, hat aber doch meistens recht. Und trotzdem fällt es uns so schwer, diese Stimme zu beachten, weil diese Stimme sehr leise im Vergleich zur Außenwelt ist.

Durch die laute und unruhige Außenwelt sind unsere Sinne schnell überreizt. Wir benötigen Scheuklappen, um uns nicht abzulenken und zu überdrehen. Überall sind Verlockungen in Form von Informationen, Ablenkungen (Emails, Blackberry, Internet, ständige Verfügbarkeit, Werbereize, etc.). Da kann man dann schon mal schnell vom Weg abkommen, aus „schnell mal ins Internet" wird dann ein zweistündiger Ausflug…. Andererseits sind manche Sinne auch sehr schreckhaft und unsicher. Ein unangenehmes Gespräch lässt diese Menschen dann nicht kalt, sondern sie grübeln sehr viel.

Halten Sie sich Ihr langfristiges und auch kurzfristiges Ziel vor Augen. Dies hilft uns, die innere Wahrnehmung und Gedankensteuerung zu festigen. Wir können unser Zielbild als Grundlage für unsere täglichen Entscheidungen nehmen. Sie möchten sich zum Beispiel voller Energie fühlen? Was hilft Ihnen eher dabei: eine Dosensuppe oder frisches Gemüse? Vermutlich die Dosensuppe.

6.2 Soforthilfe für turbulente Phasen und Grübelstop-Technik

Bevor Sie typische mentale Unterschiede kennen lernen, gibt es nun ein paar Sofort-Tipps, wie Sie Ihre Pferde beruhigen können.

Praxistipp: schnelle Beruhigung der Gedanken

- Halten Sie Ihre Kutsche an, stoppen Sie, atmen Sie ruhig und tief durch.

- Fragen Sie sich: wie schlimm ist die momentane Situation? Ist sie wirklich bedrohlich, sogar lebensbedrohlich? Lohnt es sich wirklich, dass ich gedanklich durchdrehe und den vollen Stresskreislauf in Gang setze, viel Energie verschwende oder ist es gar kein Säbelzahntiger, der mich bedroht?

- Schauen Sie den Pferde-Ärgerer an und verinnerlichen Sie sich, dass Sie die Zügel in der Hand haben. Sie können entscheiden, ob Sie die Zügel loslassen oder festhalten.

- Reflektieren Sie: Was denke ich morgen über die Situation? Und was werde ich in einem Monat und in einem Jahr über die Situation denken? Vermutlich ist die Aufregung dann schnell vergessen. Vieles erledigt sich von alleine oder Sie stufen es nicht mehr als Bedrohung ein.

- Bleiben Sie in der Realität und führen Sie eine Realitätsüberprüfung durch. Was ist wirklich passiert? Wie würde eine fremde Person die Situation beschreiben? Wie würde ein Vorbild von Ihnen reagieren? Wie viel Raum und Zeit nimmt dieses Ärgernis ein in der Realität: wollen Sie sich wegen 5 Minuten eine Woche lang aufregen?

- Fragen Sie sich: Was kann ich als nächstes tun.

Manchmal wollen die Gedanken einfach nicht aufhören zu kreisen. Wir haben Feierabend, die Sonne scheint, Sie machen sich einen netten Abend mit Freunden oder sitzen endlich mal wieder im Kino und trotzdem denken Sie ständig an das Sorgenkind-Projekt. Oder Sie sitzen in einem Meeting und sind gedanklich noch ganz woanders. Dann probieren Sie einmal meine Lieblings-Kopf-Kino-Übung „Geschenke-Packen" aus:

Grübelstop-Technik „Geschenke packen"

1. Nehmen Sie das Grübelobjekt gedanklich ins Visier und geben Sie dem Kind einen Namen.
Schreiben Sie diesen gedanklich auf ein Etikett und bekleben damit das Projekt (das kann eine Akte sein, oder ein Mensch).
2. Betrachten Sie es von allen Seiten. Vielleicht spricht das Projekt auch zu Ihnen „Ist doch gar nicht so schlimm" oder „Mensch, bisher ist Dir immer eine Lösung eingefallen".
3. Dann suchen Sie sich einen passenden Karton dazu – wo passt das Objekt rein? Vielleicht ein Schuhkarton oder ein Umzugskarton?
4. Legen Sie das Objekt in den Karton hinein. Wenn es zappelt und sich wehrt, beruhigen Sie es „Das wird schon, ich komme später wieder und kümmer mich um Dich."
5. Holen Sie den passenden Deckel, verschließen Sie das Päckchen und wickeln Sie noch eine schöne Schleife um das Geschenk.
6. Stellen Sie nun das Päckchen neben sich auf den Boden. Das kann gedanklich im Bett sein, unter den Esstisch oder auch während eines Meetings unter den Tisch. Freuen Sie sich über den neuen Raum und Abstand zu diesem Thema und vertrauen Sie auf die Lösung.
7. Am nächsten Tag bzw. nach Ihrem Meeting packen Sie das Päckchen aus.

Schwerpunkt des Kapitels ist die Entdeckung des eigenen Mentaltyps. Wie bei der Ernährung gibt es unterschiedliche gedankliche Kutschen.

6.3 Mentaltyp verstehen & typgerechte Empfehlungen

Die Kutsche des Bewegungstyps ist geprägt von sehr sensiblen Pferden / Sinnen. Meist sind diese Menschen sehr geräuschempfindlich. Die Empfindsamkeit ist ebenfalls das Schlagwort für die Gefühle und die Intuition. Im Gleichgewicht haben Menschen mit sehr viel Bewegungsprinzip einen wachen, flexiblen Geist, sind neugierig. Im Ungleichgewicht wird die Wachheit und Flexibilität zur Schwäche. Es wird viel gegrübelt und die hohe Aktivität des Geistes ist nicht mehr zuträglich.

Menschen mit viel Umsetzungsprinzip haben einen sehr starken Kutscher und starke Zügel. Der Geist und die Intelligenz sind scharf und schnell. Die Pferde werden sehr zielgerichtet und ehrgeizig gesteuert. Die Herausforderung ist für diese Menschen, dass die Geschwindigkeit nicht zu schnell wird und auf die Substanz der Kutsche geschaut wird. Diese Menschen neigen dazu, sich zu wenige Auszeiten zu gönnen.

Der mentale Stabilitätstyp lässt sich mit den Begriffen strukturiert und gründlich beschreiben. Bevor die Reise mit der Kutsche los geht, wird ein genauer Reiseplan festgelegt. Die Sinne sind auf die Einhaltung der Details zur Zielerreichung fixiert. Der Geist ist schwer abzulenken, aber auch weniger flexibel.

Typgerechte, ausgleichende Empfehlungen
Schauen Sie sich die typischen Merkmale an und machen Sie Kreuze, wo Sie sich wieder erkennen. Dort wo die meisten Kreuze sind, sind die Empfehlungen für Sie am wichtigsten.

Typisch	Ausgleichende Empfehlungen
Mentaltyp „Bewegung"	
o Viele Gedanken, Geist ist viel in Bewegung, viele Ideen und sehr offen. o Gedanken sind schnell und wechselhaft. o Die Sinne sind sehr empfindsam, sehr feinfühlig und tendieren dazu schreckhaft zu sein. o Viele und oft schnell verändernde Ziele, oftmals keine klare langfristige Zielausrichtung. o Grübelt schnell, unsicher, ängstlich. o Entdeckt immer wieder Neues ohne das Gesehene zu verarbeiten und auch sich daran zu freuen. Oder im Vergleich zu einem Bauern „es wird ständig ausgesät ohne dass geerntet wird". o Wenig Struktur als Sicherheit.	o Auf ein Ziel konzentrieren und die Zügel mehr und mehr disziplinieren. o Tempo rausnehmen. o Innere Stabilität durch ausgleichende Ernährung und Regeneration aufbauen. o Realistisch bleiben und Realität überprüfen. o Zurückschauen, was Sie alles erreicht haben. o Ausruhen und genießen, Standortbestimmungen durchführen. o Geben Sie den Pferden was zu kauen! Schreiben Sie Ihre Gedanken auf oder malen Sie ein Bild zu Ihrer Situation. o Überlegen Sie, welche Art von Struktur und Sicherheit Sie mehr nutzen können, sei es an Arbeitsmethoden oder Erfahrungen, um Energie zu sparen.
Mentaltyp „Umsetzung"	
o Mentales Grundprinzip: Erster sein! Am besten sein! Perfekt machen! o Das Ziel ist oftmals klar vor Augen und sehr ehrgeizig, die Zügel werden auch manchmal sehr verkrampft gehalten. o Weil der Geist sehr klar und scharf ist, ist vieles zur Zielerreichung sehr klar und für diese Art von Kutscher schwer verständlich, dass es für andere nicht so klar ist. o Geist und Intelligenz treiben sehr stark an, um dieses Ziel zu erreichen. o Die Kutsche ist zu vergleichen mit einem Jockey bei einem Pferderennen, es geht um sehr viel Anerkennung und Applaus.	o Überprüfen Sie Ihr Ziel und Ihren Anspruch, ist es realistisch? o Lassen Sie die Zügel etwas lockerer, auch im Umgang mit anderen – nicht alle Menschen sind so ehrgeizig wie Sie und haben eine so hohe Intelligenz. o Genießen Sie auch die Fahrt, genießen Sie die Aussicht und vor allen Dingen: Genießen Sie Erfolge! o Ruhen Sie sich aus, putzen Sie Ihre Kutsche, bevor es zur nächsten Fahrt geht.

o Einmal im Ziel angekommen, wird gleich ein neues Ziel gesetzt. Der erreichte Erfolg, die „Ernte" wird nicht genossen.	
Mentaltyp „Stabilität"	
o Wenn jemand eine Kutsche mit Polsterung und Kühlschrank hat, dann der „Stabilität"-Typ – die Reise soll ja Spaß machen! o Das Grundprinzip: sicher und genussvoll ankommen. o Die Pferde sind stabil, die Zügel nicht zu fest und der Kutscher hat es nicht so eilig. o Wichtig: der Weg soll klar und sicher sein. Und es sollten keine Sportkutschen unterwegs sein, die andauernd drängeln und sich über die neueste Technologie auslassen. o Der Kutscher ist äußerst zufrieden von sich aus, er braucht nicht unbedingt ein Ziel, er kann auch so die Fahrt genießen.	o Entdecken Sie auch einmal neues Land, probieren Sie etwas aus. o Stecken Sie sich kleine Ziele und Herausforderungen o Seien Sie offen für Gedanken und Ansätze abseits des Weges.

Wichtig ist mir abschließend zu sagen, dass wir unsere Sinne und Gedanken auch einmal bewusst dahin schicken sollten, wo die Wiese schön ist. Auch das erfordert Disziplin und Übung. Denn von Natur aus sind unsere Sinne auf „Alarm" trainiert, geeicht zu schauen, ob und wo es Bedrohungen und Haken an der Sache gibt. Das ist auch wichtig, um uns zu schützen. Nur ist das manchmal zu viel und die guten Dinge werden zu wenig beachtet. Das, was gut ist, ist schnell selbstverständlich. Umso einfacher ist es, den Blickwinkel bewusst auf diese Dinge zu richten. Der Zen-Mönch Thich Nhat Than beschrieb es anders herum:[31] Die Kunst besteht darin, aus neutralen Gefühlen und Gedanken auch positive Gedanken zu machen.

---

[31] Ich weiß leider nicht mehr, wo ich das gelesen habe. Vermutlich in „Thich Nhat Than: Lächle deinem eigenen Herzen zu – Wege zu einem achtsamen Leben, Herder Freiburg 1995", das erste Buch, was ich von ihm gelesen habe.

Ein Beispiel: wir merken erst an einem entzündeten Fingernagel oder verstauchtem Daumen, wie sehr wir diesen winzigen Körperteil im alltäglichen Leben benötigen. Ist dieser Teil gesund, fällt uns das gar nicht auf und wir nehmen es als selbstverständlich hin. Die Kunst besteht nun darin, einen neutralen Gedanken, zum Beispiel „Meine Hand funktioniert" in einen positiven Gedanken umzusetzen „Super, ich bin dankbar, dass ich gesunde Hände habe". Wir haben viel mehr neutrale und positive Gedanken als negative. Also nutzen wir diese!

6.4 Erleichtern Sie Ihren Kopf mit Tagesprotokollen

Um nun die mentalen und körperlichen Aspekte des STRANDKORB-PRINZIPS abzuschließen, gebe ich Ihnen ein selbst entwickeltes Medium an die Hand. Die Tagesprotokolle. Das ist ein Hilfsmittel, welches Sie unterstützt, Achtsamkeit, Regeneration, Nahrung und Denken im Alltag zu verbinden. Das Ziel ist, sich Dingen weiter <u>bewusst</u> zu werden und anzufangen, erste kleine Maßnahmen bewusst zu <u>machen</u>. Das konsequente Ausfüllen der Protokolle ist einer der Erfolgsfaktoren in der Umsetzung. Einige füllen diese Protokolle nun schon seit fast drei Jahren aus.

Für den Anfang reicht es, wenn Sie drei Wochen Tagebuch führen. Gerade für diejenigen, die viel Bewegung und Umsetzung haben, ist es ein sehr geeignetes Instrument. Mit diesem Werkzeug erhöhen Sie parallel die Achtsamkeit und die Wertschätzung sich selbst gegenüber.

Schauen Sie sich nach den drei Wochen die Protokolle an. Wo sind rote Fäden? Welche Belastungssituationen kommen öfter vor? Was tut Ihnen gut? Und dann machen Sie weiter mit dem Ausfüllen.

Praxistipp: Tagesprotokolle ausfüllen zur Erhöhung der Achtsamkeit und Kontrolle der Gedanken

Wochentag und Datum	
Schlaf der letzten Nacht war erholsam (0-100)	
Ich bin gelassen und kraftvoll in den Tag gestartet (0-100)	
Kaffee / schwarzer Tee / grüner Tee / Cola – Anzahl Tassen	
Wasserkonsum – Anzahl Liter	
Alkoholkonsum – was und wie viel	
Stürme / Belastungen: was hat heute um mich herum gestürmt und zu Belastungen geführt? Wie habe ich reagiert?	
Was habe ich heute gut gemacht? Was hat mir Spaß und Freude gemacht? Wem habe ich heute Zeit geschenkt? Welches Ziel habe ich heute erreicht? (➔ und loben Sie sich dafür!)	
Heute war ich richtig dankbar und glücklich als …. und / oder dass …	
Das möchte ich besser machen … oder das wünsche ich mir für morgen:	

> **Praxisbeispiel**
>
> **Herr König** leidet unter Stress und psychosomatischen Beschwerden. Er ist an einer ganzheitlichen Sichtweise und Systematik interessiert. Im ersten Coachingtermin ging es zunächst um die Standortbestimmung. Wie ist das Wetter, wie wird der eigene Strandkorb empfunden, wie ist die Konstitution und wo sind Ungleichgewichte? Herr König leidet unter einem starken Ungleichgewicht im Bewegungsprinzip. Dies zeigt sich sowohl in körperlichen Schmerzen als auch im starken Grübeln. Die Tagesprotokolle auszufüllen ist die erste Aufgabe. Des Weiteren empfehle ich einen Arztbesuch, um körperliche Gründe der Schmerzen auszuschließen. Parallel gibt es ein paar Tipps zur Ernährung sowie eine Kurzübung zur Gedankenstopp-Technik.
>
> Hauptfokus der nächsten zwei Coachingsitzungen ist die Beruhigung der Gedanken. Dazu dient die kontinuierliche Realitätsüberprüfungen und Verschriftlichung. Erste Verbesserungen der Situation stellen sich ein. Ein weiterer Schwerpunkt ist die Fragestellung „was ist gut am Grübeln und woran hindert es mich? Was ist, wenn ich nicht mehr so viel am Grübeln bin?" in Kombination mit der genauen Zieldefinition.
>
> Herr König ist gemäß seiner Konstitution (Umsetzung / Bewegung) sehr offen, begeisterungsfähig und ehrgeizig. Nach vier Coachingsitzungen ist der Prozess abgeschlossen. Die Stresssymptome sind deutlich reduziert.

In den nächsten drei Kapiteln Kommunikation, Organisation und Rollen geht es um drei Aspekte des organisatorischen Selbstmanagement. Diese drei Aspekte dienen der Erhöhung der Stabilität Ihres Strandkorbs.

Viele Aspekte davon sind Ihnen vielleicht schon bekannt aus der einschlägigen Literatur (Lothar Seiwert, Friedemann Schulz von Thun, Stephen Covey, Brian Tracey). Und so bediene ich mich jetzt bei der Gestaltung dieser Kapitel einem Lieblingsprinzips von mir zum Thema Selbstorganisation, dem Pareto-Prinzip. Dieses werde ich noch ausführlich im Kapitel Organisation erläutern. Soviel sei an dieser Stelle gesagt: mit 20% Aufwand erreichen wir 80% des Ergebnisses. Sprich: Ich gebe Ihnen die 20% Inhalt, die ich für 80% Zielerreichung wichtig halte.

Mein Fazit / das nehme ich mit für meinen Strandkorb:

7. K wie KOMMUNIKATION – nach Innen und Außen

Kommunikation leitet sich von dem lateinischen Begriff communicare ab und bedeutet übersetzt „teilen, mitteilen, gemeinsam machen". In diesem Kapitel geht es um folgende Aspekte:

o   Gestaltung der inneren Kommunikation zur Zielerreichung – wie sag ich es meinem Schweinehund?
o   Typische Kommunikationsmuster, -Bedürfnisse und Empfehlungen in Bezug zum 4-Ohren-Schnabel-Modell von Schulz von Thun.

In Kombination mit dem Kapitel „D wie Denken" ist es eine Überlegung wert, wie wir mit uns selbst kommunizieren. Wie spricht der Kutscher mit den Pferden? Wie spricht der Kutscher auf den langen Fahrten mit sich selbst? Ist es eine Sprache, die motiviert und anfeuert wie etwa „hey schau mal, welchen Weg wir heute schon zurückgelegt haben" oder ist es eher eine Sprache, die demotiviert „oh man... wir haben erst einen ganz kleinen Teil des Weges, und das Wetter ist so schlecht, die Wege sind eine Katastrophe..." Wie möchten Sie, dass jemand mit Ihnen spricht?

7.1 Der Schweinehund – unser Feind und Freund

Oft ist unser Schweinehund an unserer Seite. Seine Stimme ist meist sehr laut. Er regt sich gerne auf oder warnt uns „das ist sooo anstrengend, also lassen wir es doch gleich, wer weiß, ob es sich lohnt..." Weiterer Kommunikationsteilnehmer bei unseren inneren Gesprächen neben dem Schweinehund ist die innere Stimme, unser Bauchgefühl, unsere Intuition. Diese ist meist nicht so laut wie der Schweinehund. Und deshalb gewinnt oft der Schweinehund. Dabei hat der Schweinehund auch seine Funktion. Er möchte Sie vor Schmerzen und Enttäuschungen bewahren und er hat Angst vor Veränderungen.

Der Schweinehund ist lernfähig und kann leicht überzeugt werden, etwas auszuprobieren. Nehmen Sie Ihren Schweinehund an die Hand und versprechen ihm „hey, wir probieren jetzt einmal was aus. Wenn Du meinst, dass es Deinem Herrchen nach drei Wochen ausprobieren schlechter geht, lassen wir es wieder. Ansonsten machst Du mit." In der nächsten Übung geht es um Ihren persönlichen Schweinehund.

Selbstreflexion: Wer ist Ihr Schweinehund?
Beantworten Sie sich selbst folgende Fragen.

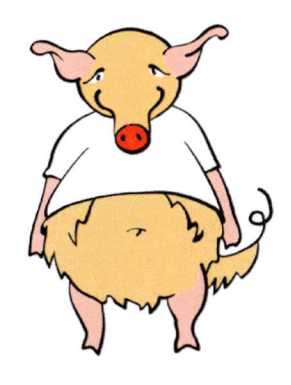

1. Bei welchem Thema / Themen ist Ihr Schweinehund groß?

2. Wovor möchte Sie Ihr Schweinehund beschützen, wozu ist er gut?

3. Bei welcher Zielerreichung, Vision, bei welchem Leuchtturm aus Kapitel T wie TUN steht er im Weg?

4. Was sagt Ihre innere Stimme zu Ihrem Schweinehund?

5. Wie könnte eine Absprache mit Ihrem Schweinehund aussehen?

7.2 Allgemeine Kommunikationsempfehlungen

Als nächste Stufe geht es nun um die zwischenmenschliche Kommunikation. Mit uns selbst wertschätzend zu kommunizieren ist anspruchsvoll. Noch herausfordernder ist die wertschätzende Kommunikation mit anderen Menschen. Umfangreiche Informationen und Seminare überlasse ich an dieser Stelle sehr gerne meinen Kommunikationstrainer-Kollegen.

Zur Stabilisierung Ihres persönlichen Strandkorbes sind mir nur folgende Punkte wichtig:

o   Nehmen Sie andere mit in Ihren Strandkorb, teilen Sie Ihre Ziele im Umfeld mit, dann können Ihre Mitmenschen Sie auch unterstützen.
o   Mit Sicherheit wird Ihr Vorhaben „mehr Strandkorb-Feeling" Auswirkungen auf Ihre Mitmenschen haben. Vielleicht trinken Sie mehr und müssen in Meetings öfter auf die Toilette. Bevor sich der Rest der Truppe Sorgen macht, teilen Sie sich mit.[32] Dann können die anderen Sie auch unterstützen.
o   Beachten Sie, dass jeder anders redet und auch anders hört. Wir alle haben nach der Theorie von Schulz von Thun[33] vier Ohren und vier Schäbel, mit denen wir vier verschiedene Botschaften und Frequenzen aussenden und empfangen: die sachliche Ebene (Daten und Fakten), die Selbstoffenbarung (über das eigene Selbstverständnis), die Beziehungsebene (wie steht der Sender zum Empfänger) und die Appell-Ebene (die Handlungsaufforderung).
o   Kommunizieren Sie Ihre Wünsche und Anforderungen an Ihre Umwelt. Kommunizieren Sie auch Punkte, die Sie enttäuschen, in denen Sie etwas Anderes erwarten. Heutzutage wird meines Erachtens viel zu wenig in den Unternehmen gesprochen. Ein Brandherd für Missverständnisse! „Es ist doch nicht so schwer, einfach mal danke zu sagen oder zu fragen, wie es im Urlaub war" oder „ich brauche auch mal ein Feedback" sind häufige Wünsche von Leistungsträgern. Dagegen meinen Führungskräften oft, den Angestellten ist alles klar und einleuchtend, wie sie Aufgaben deligieren. Bis sie immer wieder enttäuscht sind, dass die Ergebnisse anders sind, als sie sich das vorgestellt haben.
o   Tauschen Sie sich aus, fordern Sie als Mitarbeiter auch einmal Feedback auf charmante Art ein. Auch als Führungskraft dürfen Sie das! Setzen Sie nicht voraus,

---

[32] Gut und besser ist es, wenn gleich ein ganzes Team sich einmal die Grundlagen des Strandkorb-Prinzips in einem Impulsvortrag anhört. Das schafft Verbindlichkeit und Offenheit in der Gruppe – und es entstehen neue Wettbewerbe „wer hat heute wieviel Wasser getrunken?"
[33] Friedemann Schulz von Thun: Miteinander reden 1-3, rororo Hamburg

dass Ihre Bedürfnisse Ihnen auf die Stirn getackert sind und jeder weiß, was Sie meinen und auch benötigen.
- o   Und im gleichen Zug: liebe Führungskräfte, nehmen Sie Ihre Mitarbeiter mit in Ihre Gedankenwelt und Ihre Reise, dann kann er / sie Ihnen auch folgen und Sie unterstützen.

7.3 Kommunikationstypen verstehen & typgerechte Empfehlungen

Als Abschluss des Kapitels gibt es wie immer die Kennzeichen der verschiedenen Kommunikationstypen. Schauen Sie sich alle Eigenschaften an. Denn es kann gut sein, dass Sie zwar vom Grundtyp eine Mischung aus Stabilitäts- und Umsetzungsprinzip haben, beim Thema Kommunikation aber einen anderen Schwerpunkt besitzen.

Und gerade beim Thema Kommunikation ist es auch interessant zu wissen, wie Sie mit Kollegen und Mitmenschen der jeweiligen Typen umgehen können. Deshalb finden Sie bei den Empfehlungen erstmals Empfehlungen, was Sie im Umgang mit den anderen beachten sollten.

Typgerechte, ausgleichende Empfehlungen
(sowohl für sich selbst und wenn Sie als Kollege mit dem jeweiligen Typen zusammen arbeiten)
Schauen Sie sich die typischen Merkmale an und machen Sie Kreuze, wo Sie sich wieder erkennen. Dort wo die meisten Kreuze sind, sind die Empfehlungen für Sie am wichtigsten.

Typisch	Ausgleichende Empfehlungen
Kommunikationstyp „Bewegung"	
o Redet viel und schnell, oft charmant und humorvoll. o Manchmal unstrukturiert, kommt vom 1/100 ins 1/1000. o Denkt beim Sprechen, braucht den zwischenmenschlichen Austausch, um mit sich selbst in Kontakt zu kommen o Benötigt Sinn und Bedeutung hinter einer Aufgabenstellung. o Wird schnell unsicher. o Die Beziehungsebene ist sehr wichtig, sehr feines Gespür für Tonlagen und Wörter, fühlt sich schnell angegriffen. o Hört nicht so gut auf dem Appellohr. o Wird schneller emotional als andere.	Für sich selbst o Ruhig und geduldig bleiben. o Keiner möchte Sie bedrohen. o Legen Sie den Fokus auch einmal auf das Zuhören. Als Mitarbeiter / Kollege o Helfen Sie durch Fragen beim roten Faden zu bleiben. o Geben Sie aber auch Raum und Zeit zur Kommunikation o Erklären Sie, warum etwas gemacht werden muss. o Geben Sie regelmäßig Feedback. o Aufgaben sollten als solche klar formuliert werden – „das müsste mal gemacht werden" reicht nicht, besser „machen Sie das bitte".
Kommunikationstyp „Umsetzung"	
o Redet klar, zielgerichtet und argumentativ. o Redet gerne vor vielen Menschen. o Gute Darstellungskraft. o Braucht viel Anerkennung und Wertschätzung (obwohl das nie so aussieht!). o Scharfer Verstand, ist oft zu schnell in Argumentation und Entscheidung für andere, nimmt sie nicht mit und fühlt sich dadurch alleine. o Übernimmt gerne die Führung im Gespräch und gibt die Richtung vor, dadurch fühlen sich andere schneller in die Ecke gedrängt.	Für sich selbst: o Andere Menschen / Zuhörer mitnehmen auf die Reise. o Feedback und Anerkennung geben bzw. auch selbst einfordern. o Auf eigene Grenzen achten und nicht alles als Appell verstehen bzw. auch einmal nachfragen o Sich selbst zurücknehmen in der Kommunikation, andere ausreden lassen. o Anderen Zeit geben, sich auszudrücken. Als Mitarbeiter / Kollege: o Feedback und Anerkennung geben

o Die sachliche Ebene und Korrektheit ist sehr wichtig, ebenfalls sehr offen auf dem Appellohr. o Nicht so viel Feingespür und Wortakrobatik sondern eher direkte Kommunikation, manchmal auch undiplomatisch. o Eher risikoreiche, provokante Kommunikation. o Kommunikation ist für diesen Typ, wenn die anderen zuhören und machen, was gesagt wird. o Zuhören ist nicht die Stärke.	o Herausforderungen darstellen. o Verantwortung geben. o Nicht zu viele Details vorgeben.
Kommunikationstyp „Stabilität"	
o Redet eher langsam und ruhig. o Drängt sich nicht in den Vordergrund in Gesprächen, sondern nimmt sich eher zurück. o Hört sehr gut mit dem Appellohr. o Gibt sehr genaue und gewissenhafte Informationen. o Wirkt eher distanziert und unemotional in Gruppen. o Gibt Informationen auch gerne schriftlich heraus bzw. hält gerne schriftlich die Dinge fest. o Hält sich an Abmachungen und Strukturen. o Pünktlich und genau, geht gerne auf analytische Details ein. o In Gesprächen eher unflexibel. o Eher langsame Entscheidungen o Vorsichtiger Stil.	Für sich selbst: o Äußern Sie ruhig mal Ihre Wünsche und Anmerkungen o Locker und offen in die Kommunikation hineingehen o Für andere Standpunkte offen sein o Flexibilität aufbauen o Auch mal an informeller Kommunikation teilnehmen Als Mitarbeiter / Kollege o Die Bedenken ernst nehmen. o Bewährte Methoden und Strukturen nutzen und mit neuen Ansätzen verbinden. o Risikoarme Vorschläge und Vorgehen.

Praxisbeispiel

Herr Klinke kommt mit dem Anliegen ins Coaching, wieder mehr Stabilität in seine Führungsrolle zu bekommen. Die Arbeit ermüdet ihn und er fühlt sich nicht wertgeschätzt. Ein Schwerpunkt ist, die Gedanken zu kontrollieren durch die Realitätsüberprüfung sowie die stärkere Wahrnehmung der inneren Stimme. Dies funktioniert sehr gut. Als zweiter Schritt ist dem Kunden die Wahrnehmung und Behandlung durch seine Mitarbeiter, seine Außenwelt wichtig. Er selbst hat ein klares Rollenverständnis (siehe nächstes Kapitel) seiner Führungstätigkeit. Aber wie sieht das sein Umfeld? Es wird deutlich, dass über seine Rolle und sein Rollenverständnis wenig gesprochen wurde. Als Mensch mit sehr viel Umsetzungsprinzip sind ihm außerdem das Feedback und die Anerkennung seiner Arbeit sehr wichtig. Herr Klinke erkennt im Prozess mehr und mehr seinen Einflussbereich und seine Möglichkeiten. Er sucht aktiv die Gespräche zum Abgleich der Rollenerwartungen und -Klarheit. Des Weiteren lernt er Methoden, sich Feedback und Anerkennung abzuholen.

So wie Herrn Klinke geht es sehr vielen Führungskräften. Leider ist konstruktives Feedback und eine wertschätzende Kommunikation wenig in den oberen Etagen vorhanden. Schade! Denn je weniger Führungskräfte davon haben, umso weniger gesättigt sind sie. Und umso schwerer fällt es Ihnen, selbst Wertschätzung und Feedback zu geben. Fazit: Auch als Mitarbeiter dürfen Sie Ihren Chef loben!

Mein Fazit / das nehme ich mit für meinen Strandkorb:

8. O wie ORGANISATION – Produktivität steigern und R wie ROLLEN – Klarheit schaffen

Die Themen Organisation und Rollen sind zusammengefasst. Kernthema dieses Kapitels ist, den Tag und die Woche so zu gestalten, dass Sie abends zufrieden sind. Ziel ist, den Tagesablauf immer mehr selbst zu bestimmen, aus dem Teufelskreis des Reagierens hin zu einem Agieren zu kommen. Es wird darum gehen,

o   Klarheit über Ihre Kernaufgaben zu erhalten
o   Wie Sie in vorhandener gegebener Zeit produktiver sein können.
o   Wie Sie vorhandene Ressourcen besser nutzen können bzw. sich gemäß Ihrem Typus organisieren.

Und los geht's![34]

Wie ist Ihr Zielbild?

Schauen Sie noch einmal in Kapitel T wie TUN, wie haben Sie Ihr Zielbild beschrieben? Formulieren Sie es hier noch einmal oder passen Sie es ggf. auch an. Dieses Zielbild ist Ihr Leuchtturm, worauf Sie zusteuern.

Mein Zielbild:

---

[34] Das Vorgehen Rollen ist angelehnt an
Lothar Seiwert: Wenn Du es eilig hast, gehe langsam. Campus 2003
Und Stephen Covey – Die sieben Wege zur Effektivität, Gabal 2008

8.1 Das Leben ist eine Bühne. Welche Rollen nehmen Sie ein?

Bevor wir zur Tages- und Wochenorganisation kommen, müssen wir einen Schritt zurück bzw. tiefer gehen. Wir alle sind ein Mensch, haben jedoch unterschiedliche Funktionen und Bühnen. Wir sind im Privatleben Privatperson, Mutter / Vater oder Tochter / Sohn, Partner, Freund / Kumpel, Vorsitzender im Fußballclub, Sportler ... im Berufsleben sind wir Angestellter, Führungskraft, Kollege, etc. Und selbst als Angestellter oder Führungskraft bewegen wir uns vielleicht auf unterschiedlichen Bühnen: Projektmanager, Verkäufer, Mentor, Dienstleister, Berater…. Lothar Seiwert hat hierzu das Modell der verschiedenen Lebenshüte erklärt. Den Spruch „wer hat den Hut auf?" bei einem Projekt kennen wir denke ich alle.

Wichtig ist, sich zunächst bewusst zu werden, welche verschiedenen Rollen wir einnehmen und welche Hüte wir aufhaben. Welche Rollen haben Sie? Notieren Sie diese hier:

Selbstreflexion: Welche Rollen haben Sie?

Schreiben Sie alle Rollen auf, die Sie momentan besitzen.

1. Bewerten Sie die Rollen, welche sind Ihnen angenehm (mit einem ☺ kennzeichnen) und welche sind Ihnen unangenehm (mit ☹ kennzeichnen).

2. Sind es mehr als 7? Wenn ja, auf welche Rollen können und möchten Sie verzichten? Bei mehr als sieben Rollen ist die Chance sehr groß, dass Sie sich verzetteln.

3. Überlegen Sie, welche sind Ihnen wirklich wichtig und welche sind unverzichtbar? Reduzieren Sie die Rollen ggf. auf sieben.

4. Und: Haben Sie eine Rolle für sich selbst, sprich „Ich"? Wenn nein, wird es unbedingt Zeit, dass Sie diese Rolle hinzufügen.

Selbstreflexion Rolle – Schlüsselaufgaben - Ziele:
Im nächsten Schritt definieren Sie für Ihre 7 Kernrollen die Schlüsselaufgaben und Ihr Jahresziel. Das kann dann so aussehen

Rolle	Schlüsselaufgaben	Jahresziel
Vertriebsleiter	Gewinnbringend die Produkte verkaufen.	Umsatz XX Mio. Euro mit YY Deckungsbeitrag.
Ich	Ausgeglichen und glücklich sein.	10 kg abnehmen, wieder mehr für mich tun (Sauna, Sport, etc.).

Rolle	Schlüsselaufgaben	Ziele

Im nächsten Schritt erfolgt die Übertragung dieser Tabelle in Ihren Alltag. Dazu möchte ich Ihnen folgende Empfehlungen geben:

1. Probieren Sie einmal die Wochenplanung aus, eine **Wochen- statt Tagesplanung** erweitert den Horizont und ist flexibler.
2. Wie ist die Struktur von Ihrem Job und welchen Anteil der Arbeitszeit können Sie frei einteilen und wie viel **ist per se fremdbestimmt**? Ein Beispiel hierzu: ein Arzt in der Notaufnahme ist ein Großteil seiner Zeit fremdbestimmt, eine Führungskraft in einem Unternehmen hat meist 50% und mehr eigenbestimmte Zeit. Wenn Sie unklar sind, wie viel Zeit Sie fremdbestimmt sind, protokollieren Sie einmal eine Woche lang, was Sie tun, wie oft Sie in Meetings sind, etc. Zum Schluss sehen Sie, wie viel Zeit Sie wirklich selbstbestimmt arbeiten können.
3. **Überprüfen Sie auch die fremdbestimmte Zeit**, ob Sie tatsächlich dabei sein müssen. **Überprüfen Sie kritisch, ob Ihre Teilnahme an den Meetings sein muss.** Seien Sie mutig und gehen Sie regelmäßige Meetings durch:
   o Weiß ich überhaupt, was das Ziel des Termins ist?
   o Welchen Beitrag soll ich zum Termin leisten?
   o Kann ich etwas vorbereiten?
   o Wie ist die Agenda?

   Wenn Sie die Antworten auf die Fragen noch nicht haben, holen Sie sich diese. Ansonsten sagen Sie ab, sagen Sie nein zum Meeting und ja zur mehr Produktivität.

Praxisbeispiel:

Eine Gruppe von Abteilungsleitern überprüfte zusammen in einem Workshop, welche Meetings momentan statt finden und ob diese Meetings überhaupt Sinn machen. Ebenfalls überprüften Sie Ihre Meetingregeln anhand folgender Fragen:

Wer hat den Hut auf für das Meeting und gestaltet die Agenda? Was ist das Ziel des Meetings? Wie können wir die Meetingzeit kürzen? – Materialien zur Vorabinformationen werden vorher zum Vorbereiten verteilt. Welche Jour Fixe benötigen wir wirklich? Wen brauchen wir für das Meeting und welchen Beitrag soll er / sie leisten?

Das Ergebnis: einige Jour Fix wurden gestrichen, die Meetingzeit verkürzte sich ingesamt.

8.2 Fünf Prinzipien für mehr Produktivität

1. **Beachten Sie die Eisenhower Matrix[35] und wenden Sie diese an!**

   Nach dieser Matrix können wir Arbeitsaufgaben in vier unterschiedliche Gruppen einteilen mit den zwei Achsen Dringlichkeit und Wichtigkeit. Sie sehen die Grafik auf der nächsten Seite.

   Wer hauptsächlich im Bereich A unterwegs ist, kommt aus dem Teufelskreis des Krisenmanagements und Reagierens gar nicht mehr heraus. Das ist das Hamsterrad. Es fühlt sich sehr produktiv an und viele Menschen benötigen auch dieses Gefühl. Doch: es kostet sehr viel Zeit und Energie, dieser Bereich ist der Nährboden für Burnout! Einen Zeitanteil im Bereich zu verbringen ist durchaus gut und gewollt, aber nicht 100% seiner Arbeitszeit.

   Bereich C und D fühlen sich recht ähnlich an, vor allen Dingen Bereich C, diese Bereiche sind im Sinne der persönlichen Zielerreichung nicht wichtig. In diesen Quadranten halten wir uns gern auf, wenn unsere Konzentration und Energie niedrig ist. Dann brauchen wir eine Pause und gönnen uns Newsletter-Lesen oder endlose Recherchen. Wenn Sie merken, dass Sie sich dort aufhalten, suchen Sie nach Energiespendern in Form von einer wirklichen Auszeit und Arbeitspause. 5-10 Minuten reichen unserem Gehirn schon, um sich zu regenerieren.

   Damit Ihr Strandkorb stabil ist und Sie Energie haben, den Kopf frei haben, ist es erfolgsentscheidend, dass Sie mehr und mehr Zeit im B-Bereich verbringen. Hier können Sie durch aktive Vorbereitungen und Überlegungen in Ruhe Ihren Leuchtturm, Ihr Ziel ansteuern. Je mehr wir im Bereich B sind, umso weniger anstrengend ist es. Und das ist aber für viele ein Knackpunkt. Im Bereich B haben wir nicht unbedingt das Gefühl, etwas zu leisten, wirklich etwas zu schaffen, wir können weniger abhaken. Und manche Menschen, gerade die mit viel Feuer und Umsetzungsenergie benötigen stark das Gefühl, etwas geleistet zu haben.

---

[35] Hier in Anlehnung an Stephen Covey

Keine Sorge, Sie dürfen und sollen auch weiter im Bereich A arbeiten, aber nicht mehr so viel. „Ich habe doch keine Zeit zu planen" – wann soll ich das denn noch machen...? Ganz einfach: holen Sie sich die Zeit aus den Bereichen C und D. Wie das geht erfahren Sie in den nächsten Tipps-

Die Eisenhower Matrix

	Dringend	Nicht dringend
Wichtig	**A** Bereich der hohen Aktivität • Krisen • Fristen • Dringliche Probleme ➔ Die Dinge richtig tun	**B** Bereich der Vorbereitungen, fühlt sich nicht aktiv an • Planung • Kollegen-Beziehungspflege • Erholung ➔ Die richtigen Dinge tun
Nicht wichtig	**C** Bereich der getarnten Aktivität • Unterbrechungen (Emails, Telefon) • Besprechungen • Veranstaltungen	**D** Bereich „Papierkorb" • Zeitfresser • Vergnügungen / Ablenkungen z.B. in Form von Rumdaddeln • Sonstige Veranstaltungen

Praxistipps: Reduzieren Sie Zeitfresser aus dem Bereich C

o Bearbeiten Sie Emails selbstbestimmt, zum Beispiel 4x am Tag: um 10:00 Uhr nachdem Sie die erste wichtige / nicht dringende Aufgabe erledigt haben, dann vor und nach dem Mittagessen sowie um 16:00 Uhr.

o Schalten Sie Email-Benachrichtigungs-Signale aus, wie das „Ping" oder das kleine Vorschaufenster. Es mag Sie nicht stören, aber es lenkt Sie ab und unterbricht Sie.[36]

o Telefon umstellen, entweder auf die Assistenz oder den Anrufbeantworter.

o Nein sagen lernen zu spontanen Störungen und Alternativtermin anbieten.

o Kennzeichnen Sie Ihre Email im Betreff klar, zum Beispiel „zur Info", „zur Bearbeitung" etc. Sprechen Sie sich dazu im Team ab.

o Lesen Sie keine Emails mehr, wo Sie auf cc gesetzt sind und setzen Sie auch keinen mehr auf cc. Cc ist die moderne Rundum-Sorglos-Versicherung gegen Verantwortung. Wenn jemand etwas zu tun hat und Verantwortung in einer Aufgabe hat, gehört er ins „An".

Und noch ein letztes Wort zur Eisenhower Matrix: Sie können diese Matrix auch auf Ihre Gesundheit, Stabilität, Ihr Wohlbefinden anwenden. Überlegen Sie, was Sie heute schon tun können als Vorbereitung, damit das Thema nicht dringend wird.

---

[36] Zu Auswirkungen von Unterbrechungen gibt es interessante Studien mit folgenden Ergebnissen: 1. Im Durchschnitt werden Büroangestellte alle 11 Minuten gestört (durch einen Anruf, eine Email, etc.). Bis sie nach der Störung wieder im eigentlichen Thema „drin" sind, vergehen 8 Minuten. Sprich: es bleiben 3 Minuten bis zur nächsten Störung. Eine weitere Studie untersuchte die Konzentrationsfähigkeit von drei Gruppen: Gruppe 1 durfte ungestört eine schwierige Aufgabe lösen, Gruppe 2 wurde andauernd gestört und unterbrochen und Gruppe 3 hatte vorher Marihuana geraucht. Gruppe 3 war konzentrierter als Gruppe 2. Nachzulesen in brand eins Ausgabe 07/07 „Sie haben Ablenkung".

2. Mehr strategische Aufgaben.

Wie können Sie mehr von dem machen, was Sie entlastet und gleichzeitig Ihren Zielen näher bringt? Wenn Sie nun die Matrix zusammen mit Ihren Rollen reflektieren: was sind jeweils die Bereich-B-Aufgaben? Machen Sie sich Notizen:

Selbstreflexion: Was sind meine B-Aufgaben?
Wenn Sie nun die Matrix zusammen mit Ihren Rollen reflektieren: was sind jeweils die Bereich-B-Aufgaben? Was möchten Sie mehr machen?

Rolle	Bereich-B-Aufgaben / das möchte ich mehr machen:
Ich selbst	1x pro Woche baden, 1x pro Monat gönne ich mir eine Massage, täglich: reflektieren, was gut war
Angestellter	Freitag Nachmittag die nächste Woche planen; meine Kollegen mehr einbeziehen und um Rat fragen

3. Pareto-Prinzip

Dieses Prinzip ist nach Vilfredo Pareto benannt, der das Gesetz der Einkommensverteilung entdeckt und definiert hat. Demnach erwirtschaften 20% einer Gesellschaft 80% des Reichtums und Einkommens. Diese Formel lässt sich nun auf alle Lebensbereiche anwenden, zum Beispiel:

- 80% der Zeit tragen wir 20% unserer Kleidung, die im Kleiderschrank hängt.
- 80% der Unternehmensgewinne werden mit 20% der Produkte erwirtschaftet oder 20% der Kunden tragen zu 80% des Umsatzes bei.

Dieses Prinzip lässt sich auch wunderbar auf die Arbeit anwenden:

- 20% der Maßnahmen sorgen für 80% der Ergebnisse, des Arbeitserfolgs.
- Mit 80% der Aufgaben erreiche ich nur die kleine Steigerung von den letzten 20%.

Nehmen wir zur Veranschaulichung das Beispiel „Erstellung einer Vorstandspräsentation": mit 20% Aufwand und Zeit, werden Sie den roten Faden erarbeiten und die Kernthesen und -Inhalte bereits in die Folien notiert haben.

Die restlichen 80% der Zeit wenden wir dann gerne auf für Grafikerstellung, Text- und Wortwahl und wie ich es gerne nenne „Pixelschubserei", der Feinschliff. Natürlich sind diese 80% notwendig, um das Ziel zu erreichen. Die Frage ist: wer macht die 80% und wann mache ich sie? Überlegen Sie, ob es notwendig ist, sich von Anfang an um alle Details zu kümmern oder ob es gerade am Anfang in einer Abstimmungsphase Sinn macht, erst einmal die profitablen 20% zu erledigen.

4. Parkinson'sches Gesetz

Von dem diesem Gesetz las ich erstmals im Buch „Die 4-Stunden-Woche"[37]. In diesem Buch stellt der Autor provokante Fragen, die unmittelbar an das Pareto Prinzip anschließen:

---

[37] Timothy Ferris: Die 4-Stunden-Woche, Econ Berlin 2008, S. 99 ff.

- *„Wenn Sie einen Herzinfarkt hätten und danach nur zwei Stunden am Tag arbeiten könnten, was würden Sie machen?"*
- *„Wenn Sie einen zweiten Infarkt hätten und Sie dürften nur noch zwei Stunden pro Woche arbeiten, was würden Sie tun?"*
- *„Mit welchen Dingen verbringen Sie Ihre Zeit, um das Gefühl zu haben, dass Sie produktiv sind? Nennen Sie drei Beispiele."*
- *„Gewöhnen Sie sich Folgendes an: Stellen Sie sich bei jeder Tätigkeit die Frage, ob Sie mit Ihrem Tag zufrieden wären, wenn dies das Einzige wäre, was Sie heute erledigen."*

Diese Fragen zielen darauf ab, dass Sie sich auf wesentliche Dinge konzentrieren. Das Parkinson'sche Gesetz besagt, dass sich

„die (scheinbare) Wichtigkeit und Komplexität einer Aufgabe in genau dem Maß ausdehnen, wie Zeit für ihre Erledigung zur Verfügung steht... Wenn ich Ihnen 24 Stunden Zeit gebe, um ein Projekt fertig zu stellen, da sind Sie unter Zeitdruck gezwungen, sich auf die Ausführung zu konzentrieren, und Sie haben keine andere Wahl, als nur das absolut notwendige zu erledigen. Wenn ich Ihnen eine Woche gebe, um die gleiche Aufgabe zu erledigen, dann haben Sie sechs Tage, um aus einer Mücke einen Elefanten zu machen. Wenn ich Ihnen zwei Monate gebe ... dann wird daraus ein mentales Monster. Und das Resultat ist im Fall der kürzeren Abgabefrist mit an Sicherheit grenzender Wahrscheinlichkeit von gleicher oder besserer Qualität, weil Sie konzentrierter arbeiten."[38]

Fazit: Konzentrieren Sie sich bei Ihren Aufgaben auf das Wesentliche, sprich die 20% die 80% des Ergebnisses liefern und dann begrenzen Sie den Zeitrahmen dafür, damit Sie sich auch wirklich auf das Wesentliche beschränken. Die gesparte Zeit nutzen Sie dann für Ihre eigene Erholung, für das Netzwerken, und für alles, was im Bereich B der Eisenhower-Matrix ist.

5 Zero-based thinking

Dieses Prinzip habe ich von Brian Tracey gelernt, den ich in 2009 live gesehen habe. Es lässt sich wunderbar auf Aufgaben, Projekte und auch Angewohnheiten anwenden. Zero-Based-Thinking besagt, sich zu fragen „Mit dem gesamten Wissen von heute – wie würde ich mich jetzt, heute entscheiden?"

---

[38] Timothy Ferris: Die 4-Stunden-Woche, Econ Berlin 2008, S. 95

- o   Mit dem Wissen von heute, würde ich dieses Produkt noch einmal einführen?
- o   Mit dem Wissen von heute, würde ich mich wieder so verrückt machen?
- o   Mit dem Wissen von heute, würde ich diesen Kollegen noch einmal einstellen?

„Nur weil etwas viel Zeit oder Arbeit gekostet hat, folgt daraus nicht automatisch, dass es produktiv und die Mühe wert ist. Nur weil es Ihnen peinlich ist, sich einzugestehen, dass Sie immer noch die Folgen einer falschen Entscheidung ausbaden, die Sie vor fünf, zehn, 15 oder 20 Jahren getroffen haben, sollten Sie nicht darauf verzichten, heute eine richtige Entscheidung zu treffen... Nur wer auch Dinge aufgeben kann, hat das Zeug zum Sieger"[39]

8.3 Organisationstypen verstehen & typgerechte Empfehlungen

Und wie in jedem Kapitel folgen die ausgleichenden Empfehlungen für die unterschiedlichen Typen.

Typgerechte, ausgleichende Empfehlungen
Schauen Sie sich die typischen Merkmale an und machen Sie Kreuze, wo Sie sich wieder erkennen. Dort wo die meisten Kreuze sind, sind die Empfehlungen für Sie am wichtigsten.

---

[39] Timothy Ferris: Die 4-Stunden-Woche, Econ Berlin 2008, S. 267

Typisch	Ausgleichende Empfehlungen
Organisationstyp „Bewegung"	
o Fängt vieles an. o Tut sich schwer damit, Dinge zu Ende zu bringen. o Lässt sich leicht ablenken. o Arbeitet eher unstrukturiert und intuitiv, mag keine Projektlisten. o Kommt schneller vom roten Faden ab als andere, verliert sich in Details. o Möchte das Rad immer neu erfinden.	o Überlegen Sie morgens: was ist heute am wichtigsten? Und fangen Sie mit diesen Punkten an. o Schaffen Sie ein Zeitfenster für all die kleinen Dinge, die Ihnen einfallen. Gönnen Sie sich bewusst 30 Minuten Zeit zum „rumdaddeln". o Erinnern Sie sich an das Pareto-Prinzip und fokussieren Sie sich immer wieder auf den roten Faden. o Reduzieren Sie Störungen von außen o Etablieren Sie für sich Routinen für Ihren Tagesablauf.
Organisationstyp „Umsetzung"	
o Mag Listen, vermutlich kennen Sie sich gut in der Selbstorganisation aus. o Arbeitet von sich aus schon strukturiert und organisiert. o Gefahr ist, dass der Tag zu voll gepackt ist bzw. zu wenig Pufferzeiten da sind. o Braucht das Gefühl, etwas geschafft zu haben und abgeschlossen zu haben o Möchte immer 120% erreichen, 100% ist nicht genug	o Verplanen Sie nicht 100% Ihrer eigenen Zeit, sondern nur 50%. o Nehmen Sie sich Zeit und überlegen: was ist wirklich wichtig? o Schalten Sie bewusst einen Gang zurück, was für Sie nur nach 80% aussieht, ist für andere 105%. o Reduzieren Sie Ihren Anspruch an sich selbst und auch an andere.
Organisationstyp „Stabilität"	
o Liebt Strukturen, systematisches Vorgehen. o Mag Projektlisten. o Verliert sich gerne in Details, geht dabei aber am roten Faden entlang und aus dem Gefühl der Sicherheit geht er tiefer. o Hält sich sehr strikt an Vorgaben und Zeitpläne, hält zum Teil zu sehr daran fest und wirkt dadurch unflexibel	o Verplanen Sie nicht 100% Ihrer eigenen Zeit, sondern nur 50% o Halten Sie Rücksprache, bevor Sie in Themen abtauchen und klären Sie, ob das Abtauchen auch Sinn macht.

Praxisbeispiel

Ein junger Leistungsträger kam zum Coaching. Nachdem es im ersten Schritt um die Steigerung der eigenen Energie und Reduktion der Stresssymptome ging, ging es im zweiten Schritt um die Selbstorganisation. Zwei Wochen vor seinem Urlaub hingen sehr viele Aufgaben in der Luft und er hatte das Gefühl „ich weiß gar nicht wie ich das alles schaffen soll" gepaart mit dem Gefühl „ich kann doch eigentlich gar nicht in den Urlaub fahren." Ich habe ihm darauf hin hauptsächlich die Eisenhower Matrix sowie das Pareto-Prinzip erklärt. Dann sortierte er seine Aufgaben und entdeckte die 20% Kernthemen. Noch dazu ermutigte ich ihn, sich doch Unterstützung zu suchen, andere mit ins Boot zu holen. Das Prinzip „Pareto" und „Bereich B" hat sehr gut gefruchtet. Mit einem guten Gefühl ist er in den Urlaub gefahren. Noch dazu konnte er seine Selbstorganisation in kurzer Zeit so optimieren, dass er sich vor dem Urlaub nicht total verausgabt hat, sondern dass er schon vorher etwas runterfahren konnte.

Fazit:

Dieses Kapitel beinhaltet sehr viele Ansätze. Sie alle auf einmal umzusetzen ist unrealistisch. Lassen Sie sich Zeit und tasten Sie sich an einzelne Prinzipien heran. Bedenken Sie gerade im Bereich der Selbstorganisation, dass es um den Schutz Ihres Strandkorbs von Außen geht. Gewinnen Sie nach und nach mehr Kontrolle über Ihre Zeit und Ihren Kalender.

Mein Fazit / das nehme ich mit für meinen Strandkorb:

9. B wie BALANCING – im Alltag stabil sein

Der letzte Baustein des STRANDKORB-PRINZIP® ist eine Mischung zwischen Zusammenfassung und Erarbeitung Ihrer nächsten konkreten Schritte. Folgende Inhalte erwarten Sie:

o   Das Konzept von Balancing Life statt Work-Life-Balance.
o   Ihr persönliches STRANDKORB-PRINZIP® - was nehmen Sie mit aus diesem Buch?
o   Die Erarbeitung Ihrer persönlichen „Balancing Scorecard"

9.1 Das Konzept von Balancing Life statt Work-Life-Balance

Im STRANDKORB-PRINZIP® geht es darum, gut mit der eigenen Energie zu haushalten, überschüssige Energie abzubauen und gute, positive Energie aufzubauen. Oft erhalte ich als Reaktion auf mein Konzept „aha, es geht also um die Work-Life-Balance." Ich persönlich finde den Begriff Work-Life-Balance unpassend.

1. Der Begriff assoziiert zwei Gegenpole, noch dazu steht „Work" vor „Life"... Aber: Die Arbeit gehört zum Leben dazu und kann, ja sollte sogar ein Faktor für Lebensqualität und Wohlbefinden sein.[40]
2. Das Leben wird im Begriff Work-Life-Balance in zwei Fragmente aufgeteilt. Diese Fragmentierung ist meines Erachtens nicht mehr realistisch.
3. Meines Erachtens ist eine Balance, ein Ausgleich im Sinne von „sich die Waage halten" unrealistisch. Noch dazu ist unklar, mit welchem Gewicht die Fragmente gemessen werden.
4. Der Aspekt des Balancierenden fehlt mir in den mir bekannten Betrachtungen.

---

[40] Vergleiche hierzu auch Dr. Christoph J. Schmidt-Lellek „Ein heuristisches Modell zur Work-Life-Balance", erschienen in Organisationsberatung, Supervision, Coaching 14 (1), 2006, S. 29-40

Mein Gegenvorschlag: Balancing Life.

Balancing Life statt Work-Life-Balance

Was meine ich damit? Auch im Themenfeld Ernährung gibt es das Bild der „ausgeglichenen Ernährung". Die Ernährung soll verschiedene Bausteine in einem bestimmten Verhältnis zueinander enthalten. Wer das ganze verdaut, wird meist nicht beleuchtet. Im Ayurveda gibt es wie im Kapitel N wie NAHRUNG das Konzept der ausgleichenden Ernährung. Statt „Balanced Food" (ausgleichene Nahrung) also „Balancing Food" (ausgleichende Nahrung). Ein kleiner aber wichtiger Unterschied. Denn er drückt aus, dass Lebensmittel eine aktive ausgleichende Wirkung haben. Bei dieser Betrachtung steht der Mensch im Mittelpunkt. Was nützt ein Teller Salat oder Rohkost mit den tollsten Vitaminen, wenn es nicht verdaut werden kann? Wenig.

Was stelle ich mir nun konkret unter Balancing Life vor?

1. Der Mensch mit seiner individuellen Konstitution steht im Mittelpunkt.
2. Statt ein kontinuierliches Gleichgewicht zwischen den Lebensbereichen anzustreben, ist es realistischer, situativ Ungleichgewichte zu besänftigen.
3. Ein ausgleichender Lebensstil ist ein dauerhafter, täglicher Prozess.
4. Oberstes Ziel ist die Herstellung von einem inneren Gleichgewicht bzw. der Ausgleich von inneren Ungleichgewichten. Je mehr wir uns in einem inneren Gleichgewicht befinden, umso mehr Energie, Stabilität und Widerstandskraft haben wir.

Balancing Life setzt im Vergleich zu Work-Life-Balance voraus, dass wir in uns hinein hören, wo Ungleichgewichte sind. Und das haben Sie in diesem Buch ausführlich getan. Fassen Sie nun die einzelnen Schritte zu Ihrem STRANDKORB zusammen.

9.2 Ihr persönliches STRANDKORB-PRINZIP®

Blättern Sie nun die einzelnen Kapitel durch. Kreuzen Sie, zu welchem Typ Sie sich in den einzelnen Kapiteln zugeordnet haben. Notieren Sie unter „Fazit / Ideen" das, was Sie aus den Kapiteln mitgenommen bzw. sich vorgenommen haben.

	Prinzip Bewegung	Prinzip Umsetzung	Prinzip Stabilität	Fazit / Ideen / konkrete Vorhaben
STOP – Grundtyp / Konstitutionstyp				
STOP – Stresstyp				
TUN – Entscheidungstyp				
REGENERATION & ACHTSAMKEIT – Regenerationstyp				
NAHRUNG – Stoffwechseltyp				
DENKEN – Mentaltyp				
KOMMUNIKATION – Kommunikationstyp				
ORGANISATION und ROLLEN – Organisationstyp				
BALANCING bzw. **Gesamtwert**				

Welches Prinzip ist bei Ihnen vorherrschend? Oder sind es mehrere? Meist sind zwei Prinzipien vorherrschend und eines davon ist oft das Bewegungsprinzip. Dieses sollten

Sie wie im Kapitel STOP dargestellt auch immer zuerst besänftigen und dadurch ausgleichen.

In den mehr als 100 Seiten dieses Buches haben Sie unzählige Tipps, Impulse und Auszüge aus der Strandkorb-Philosophie lesen können. Nun geht es um den Transfer des Gelesenen in Ihre Alltagspraxis. Nutzen Sie dabei Ihre Intuition und innere Stimme. Welche Tipps haben Sie angesprochen? Welche Wünsche und Ziele haben sich bei Ihnen formuliert? Wo haben Sie das Gefühl möchten Sie für sich ausgleichend handeln?

9.3 Ihre persönliche Balancing Scorecard für Ihren Erfolg

Im Management wird zur Erarbeitung einer Strategie die sogenannte „Balanced Scorecard" (ausgewogener Berichtsbogen) verwendet. Ich möchte dieses Werkzeug für Ihre Selbstführung anpassen in eine „Balancing Scorecard", in einen ausgleichenden Berichtsbogen mit folgenden Elementen:

o   Ihre auszugleichenden Zielfelder.
o   Ihre Ziele in den Zielfeldern.
o   Die Maßnahmen, die Sie sich zur Zielerreichung vornehmen.

Diese letzte Reflexionsübung erfordert Zeit. Diese Investition wird sich lohnen. Im geschäftlichen Bereich führen Sie strategische Meetings, Jour Fixe und sonstige Projektplanungen und -Überprüfungen regelmäßig durch. Ich möchte Sie unterstützen, dass Sie Ihre privaten persönlichen Projekte mit der gleichen Verbindlichkeit managen.

Überlegen Sie nun, welche beruflichen und privaten Zielfelder es für Ihren persönlichen Erfolg gibt.

Selbstreflexion: Meine persönliche Balancing Scorecard für meinen persönlichen Erfolg.

1. Finden Sie Ihre Zielfelder für Ihren persönlichen Erfolg. In welchen Bereichen bin ich im Ungleichgewicht? Wo möchte ich mich ausgleichend verhalten? (z.B. Übergewicht ➔ Ernährung, Fremdbestimmt ➔ mehr Zeit für mich; zu wenig Bewegung ➔ regelmäßige Bewegung). Sammeln Sie zunächst Stichpunkte.

   Fassen Sie die Stichpunkte nun in vier Zielfelder zusammen (z.B. Bewegung, Organisation, Ernährung, Achtsamkeit). Formulieren Sie für die Zielfelder Ihre Ziele, zum Beispiel Zielfeld Organisation, Ziel: mehr Zeit für ruhiges Arbeiten haben.

   1. Zielfeld und Ziel

   2. Zielfeld und Ziel

   3. Zielfeld und Ziel

   4. Zielfeld und Ziel

2. Übertragen Sie die Zielfelder mit den Zielen in die Tabelle auf der nächsten Seite. Terminieren Sie Ihre Ziele, bis wann möchten Sie was erreichen? Überlegen Sie sich für die einzelnen Zielfelder Maßnahmen. Welche Empfehlungen aus dem Buch haben Sie angesprochen? Definieren Sie maximal drei Maßnahmen pro Ziel.

3. Wie oft führen Sie die Maßnahmen durch?
   Täglich, 2x pro Woche? Was sind Ihre Kennzahlen zur Erfolgsmessung?

Meine persönliche Balancing Scorecard

Zielfeld und Ziel	Terminierung – bis wann	Maßnahmen – wie oft?	Kennzahlen – wie messe ich es?

Manchmal ist es schwierig, Kennzahlen zu finden. Dann arbeiten Sie mit Skalierungen. Wie fühlen Sie sich momentan und wie möchten Sie sich bis zu Ihrem gesetzten Termin fühlen? Beispiel: Sie möchten sich innerlich ruhig und gelassen fühlen. Auf einer Skala von 0-100 sind Sie momentan bei 40, möchten die 70 in 12 Monaten erreichen.

Im nächsten Schritt hilft es, dass Sie mit Ihrer Familie oder Ihrem Partner über Ihre Balancing Scorecard sprechen. Kommunizieren Sie, was Sie vorhaben. Dadurch schaffen Sie Verbindlichkeit. Ebenfalls hat es sich bewährt, die einzelnen Maßnahmen wie geschäftliche Termine in Ihren Kalender zu übertragen.

Und dann legen Sie einfach los. Trauen Sie sich. Freuen Sie sich über jeden kleinen Erfolg. Loben Sie sich für's Durchhalten und denken Sie täglich an Ihre Ziele, Ihre Zielbilder, Ihren stabilen Strandkorb. Denken Sie an sich, gönnen Sie sich Ihre Strandkorb-Pausen und Rituale, die Sie für sich in Ihrer Balancing Scorecard definiert haben.

Führen Sie die Maßnahmen mindestens zunächst für drei Wochen aus. Schauen Sie, was sich verändert, wie Sie sich danach fühlen bevor Sie ein Urteil fällen. Korrigieren Sie wenn notwendig Ihre Balancing Scorecard. Geben Sie sich insgesamt für die ersten Veränderungen mindestens drei Monate Zeit.

Haben Sie kein schlechtes Gewissen. Weder Ihrer Familie noch Ihrem Arbeitgeber gegenüber. Sie alle und vor allem Sie selbst werden profitieren. Und das wirkt sich ebenfalls positiv auf Ihr Umfeld aus.

Fangen Sie an. Jetzt.

Ich wünsche Ihnen von Herzen alles Gute auf Ihrem Weg zu Ihrem Strandkorb. Lassen Sie es sich wirklich gut gehen.

Mein Gesamtfazit:

10 Ausblick aus dem Strandkorb

10.1 Moin moin und auf Wiedersehen!

Das war es und herzlichen Glückwunsch. Sie sitzen in Ihrem Strandkorb. Egal wie das Wetter gerade ist, Sie sehen den Horizont. Es geht weiter. Ebbe und Flut wechseln sich ab. Das ist der Lebensrhythmus.

Im STRANDKORB-PRINZIP® haben Sie viele typgerechte Empfehlungen und Tipps zur Optimierung Ihrer persönlichen Wetterlage und zum Ausgleich der Gezeiten erhalten. Ich freue mich, wenn ich Ihnen mit den Seiten persönliche Klarheit und erste Impulse auf dem Weg zu einem einfachen, erfolgreichen Leben geben konnte. Wie Sie bemerkt haben, geht es nicht um die großen Veränderungen, sondern um die Optimierung täglicher Alltagsentscheidungen.

Jeder ist dazu verpflichtet, auf seinen eigenen Strandkorb - seinen Energiehaushalt - aufzupassen, ihn zu pflegen, neu auszurichten und wenn notwendig zu reparieren. Diese Verantwortung können Sie nicht abgeben. Und das ist gut so.

Manchmal fragen mich einige Kunden, wie ich den so lebe: „Wie machen Sie das denn so?". Grundsätzlich mache ich wirklich jeden Tag etwas für mich. Und grundsätzlich esse ich Fleisch, gehe auch in Restaurants essen, feier gerne und sitze alles andere als meditierend in einer Höhle. Auch ich habe meine Balancing Scorecard, an die ich mich halte. Jeden Tag. Seit Jahren. Die Schwerpunkte ändern sich, je nach persönlicher und äußerlicher Wetterlage.

Das tägliche Anwenden macht mir sehr viel Spaß und Freude trotz oder gerade wegen ein wenig Disziplin. Denn die positiven Auswirkungen spüre ich direkt. Sicherlich gibt es weiterhin Phasen, in denen die Sonne nicht scheint. Mit Strandkorb bzw. STRANDKORB-PRINZIP® geht es mir aber besser, weil diese Phasen deutlich kürzer sind.

Und nach einer sehr aktiven Phase des Schreibens und Tuns mit dem symbolischen Strandkorb geht es für mich zum Ausgleich mit meinem Christian und guten Freunden nach Sylt. Ein Wochenende im Strandkorb.

Bis bald!

Ich freue mich, wenn Ihnen das Lesen und Arbeiten mit dem Buch Spaß gemacht hat und Sie daraus etwas mitnehmen konnten. Fall Sie Lust haben, mir eine Rückmeldung zu geben, senden Sie mir einfach eine Email an:

kontakt@ankevonplaten.de

Oder sind Sie sind neugierig geworden und haben Interesse an einem persönlichen Coaching? Schön! Schreiben Sie mir eine Email oder rufen Sie mich an. Lassen Sie uns drüber reden, was Sie benötigen und was am Besten für Sie ist. Je nach Ausgangslage und Zielsetzungen können Sie zwischen verschiedenen Angebotsformen wählen (vor Ort oder auch telefonisch). Erste Informationen dazu finden Sie auf meiner Homepage www.ankevonplaten.de.

Lassen Sie es sich gut gehen und frische Grüße,
Ihre Anke von Platen

10.1 Quellen und Literaturempfehlungen

STOP

Matthias Lauterbach, Susanne Hilbig (2006): So bleibe ich gesund. Was Sie für Ihre Gesundheit, Lebensenergie und Lebensbalance tun können. Carl Auer. Heidelberg.

Kerstin Rosenberg (2004): Das große Ayurveda Buch. Gräfe und Unzer. München.

Lothar Seiwert, Friedbert Gay (2004): Das neue 1x1 der Persönlichkeit. Gräfe und Unzer. München.

Wilhelm Schmid (2004): Mit sich selbst befreundet sein. Suhrkamp. Frankfurt am Main.

TUN

Boris Grundl (2010): Steh auf! Bekenntnisse eines Optimisten. Econ. Berlin.

Reinhard K. Sprenger (1997): Die Entscheidung liegt bei Dir – Wege aus der alltäglichen Unzufriedenheit. Campus Frankfurt am Main.

Rudolf Stroß (2009): Die Kunst der Selbstveränderung – Kleine Schritte – große Wirkung. Vandenhoeck & Ruprecht. Göttingen.

Denis Waitley (1993): Nur wer handelt, kann gewinnen. Conzett Verlag. Zürich.

REGENERATION und ACHTSAMKEIT

Jon Kabat-Zinn (2007): Im Alltag Ruhe finden. Fischer.Frankfurt am Main.

Manfred Lütz (2007): Das Leben kann so leicht sein. Lustvoll genießen statt zwanghaft gesund. Carl Auer. Heidelberg.

Verena Steiner (2007): Energy – Energiekompetenz. Knaur München.

Thich Nhat Than (1995): Lächle deinem eigenen Herzen zu – Wege zu einem achtsamen Leben, Herder Freiburg.

NAHRUNG

Dr. med. Batmanghelidj (2006): Sie sind nicht krank. Sie sind durstig. VAK Freiburg.

Jan Chozen Bays (2009): Achtsam essen. Arbor Verlag. Freiamt.

Edward Espe Brown (2004): Das Lächeln der Radieschen. dtv München.

Kai Romhardt (2004): Slow down your life. Econ. München.

Kerstin Rosenberg, Hand H. Rhyner (2007): Das große Ayurveda Ernährungsbuch. AGM Urania. Neuhausen am Rheinfall / Schweiz.

DENKEN

Paul Ardon (2005): Es kommt nicht darauf an, wer Du bist, sondern wer Du sein willst. Phaidon. Berlin.

Paul Ardon (2006):Egal, was Du denkst, denkt das Gegenteil. Phaidon. Berlin.

Dr. med. Stefan Frädrich (2004): Günter, der innere Schweinehund. Ein tierisches Motivationsbuch. Gabal. Offenbach.

KOMMUNIKATION

Friedemann Schulz von Thun: Miteinander reden 1-3, rororo Hamburg.

ORGANISATION, ROLLEN, BALANCE

Stephen R. Covey (2008): Die 7 Wege zur Effektivität – Prinzipien für persönlichen und beruflichen Erfolg. Gabal management. Offenbach.

Lothar J. Seiwert, Brian Tracey (2007): Life-Leadership – So bekommen Sie Ihr Leben in Balance. Gabal. Offenbach.